SCHEUNGRAB

Die Gebühren im Inkasso

Die Gebühren im Inkasso

RVG-Vergütung beim Forderungsmanagement

Karin Scheungrab
Dipl.-Rechtspflegerin (FH), München/Leipzig

Bibliografische Information der Deutschen Nationalbibliothek | Die Deutsche Nationalbibliothek verzeichnet diese Publikation in der Deutschen Nationalbibliografie; detaillierte bibliografische Daten sind im Internet über www.dnb.de abrufbar.

ISBN 978-3-415-07153-7

© 2022 Richard Boorberg Verlag

Das Werk einschließlich aller seiner Teile ist urheberrechtlich geschützt. Jede Verwertung, die nicht ausdrücklich vom Urheberrechtsgesetz zugelassen ist, bedarf der vorherigen Zustimmung des Verlages. Dies gilt insbesondere für Vervielfältigungen, Bearbeitungen, Übersetzungen, Mikroverfilmungen und die Einspeicherung und Verarbeitung in elektronischen Systemen.

Titelfoto: © Deemerwha studio – stock.adobe.com | Satz: Olaf Mangold Text & Typo, 70374 Stuttgart | Druck und Bindung: Laupp & Göbel GmbH, Robert-Bosch-Straße 42, 72810 Gomaringen

Richard Boorberg Verlag GmbH & Co KG | Scharrstraße 2 | 70563 Stuttgart
Stuttgart | München | Hannover | Berlin | Weimar | Dresden
www.boorberg.de

Inhaltsverzeichnis

	Einige Gedanken vorab	9
I.	**Die Hinweispflichten**	12
1.	Hinweispflichten im ersten Aufforderungsschreiben an eine Privatperson	12
2.	Hinweispflichten beim Abschluss einer Zahlungsvereinbarung	13
3.	Hinweispflichten beim Schuldanerkenntnis	13
4.	Hinweispflichten in Textform	14
II.	**Die Vergütung im Forderungsmanagement**	15
1.	Die Geschäftsgebühr Nr. 2300 VVRVG	15
2.	Die Neuregelungen zur Geschäftsgebühr zum 01.10.2021	16
	a) Einfacher Fall	18
	b) Durchschnittlicher Fall	18
	c) Überdurchschnittlicher Fall	19
	d) Zusammenfassung Geschäftsgebühr	20
3.	Die Verfahrensgebühr Nr. 3309 VVRVG	20
4.	Die Beratungsgebühr § 34 RVG	25
5.	Die Terminsgebühr Nr. 3310 VVRVG	25
6.	Die Einigungsgebühr Nr. 1000 ff. VVRVG	26
III.	**Die Vergütung im Rahmen des gerichtlichen Mahnverfahrens**	29
1.	Vertretung im Verfahren über den Mahnbescheidsantrag	30
2.	Verfahrensgebühr für die Vertretung des Antragsgegners	31
3.	Vorangegangene Tätigkeit – Beratung	32
4.	Vorangegangene Tätigkeit – Anrechnung der Geschäftsgebühr	32
5.	Übergang ins streitige Verfahren: Anrechnung von Geschäfts- und Verfahrensgebühr	33
6.	Fragen der Erstattungsfähigkeit	36
7.	Vertretung im Verfahren über den Vollstreckungsbescheidsantrag	38
8.	Gesamtgläubiger – Gesamtschuldner	40
9.	Terminsgebühr im Mahnverfahren	41

IV.	**Die Gebühren in der Zwangsversteigerung und Zwangsverwaltung**	48
1.	Die Verfahrensgebühr Nr. 3311 VVRVG	48
2.	Nr. 3311 Ziff. 1: Tätigkeit des Anwaltes im Zwangsversteigerungsverfahren bis zur Einleitung des Verteilungsverfahrens	49
3.	Nr. 3311 Ziff. 2: Tätigkeit des Anwaltes im Zwangsversteigerungsverfahren im Verteilungsverfahren, auch für ein Mitwirken bei einer außergerichtlichen Verteilung	50
4.	Nr. 3311 Ziff. 3: Tätigkeit des Anwaltes im Zwangsverwaltungsverfahren für die Vertretung des Antragstellers im Verfahren über den Antrag auf Anordnung der Zwangsverwaltung oder auf Zulassung des Beitritts	51
5.	Nr. 3311 Ziff. 4: Tätigkeit des Anwaltes im Zwangsverwaltungsverfahren für die Vertretung des Antragstellers im weiteren Verfahren einschließlich des Verteilungsverfahrens	52
6.	Nr. 3311 Ziff. 5: Tätigkeit des Anwaltes im Zwangsverwaltungsverfahren für die Vertretung eines sonstigen Beteiligten im ganzen Verfahren einschließlich des Verteilungsverfahrens	52
7.	Nr. 3311 Ziff. 6: Tätigkeit des Anwaltes im Verfahren über Anträge auf einstweilige Einstellung oder Beschränkung der Zwangsvollstreckung und einstweilige Einstellung des Verfahrens sowie für Verhandlungen zwischen Gläubiger und Schuldner mit dem Ziel der Aufhebung des Verfahrens	52
8.	Erhöhung der Verfahrensgebühren bei mehreren Auftraggebern	53
9.	Die Terminsgebühr Nr. 3312 VVRVG	53
10.	Beschwerde – Rechtsmittel	53
11.	Geschäftsgebühr – Beratung	54
12.	Einigungsgebühr	54
V.	**Die Anwaltsgebühren für die Tätigkeit im Insolvenzverfahren**	55
1.	Vertretung des Gläubigers	56
	a) Gebühren bei vorgerichtlicher Beratung und Vertretung des Gläubigers	56
	b) Gebühren bei Vertretung im Insolvenzeröffnungsverfahren	56
	c) Gebühren bei Vertretung im eröffneten Insolvenzverfahren	56
2.	Gebühren bei der Beschränkung der Tätigkeit auf die Anmeldung einer Insolvenzforderung	57

3.	Gebühren bei der Vertretung im Verfahren über Versagung oder Widerruf der Restschuldbefreiung	57
VI.	**Der Gegenstandswert im Rahmen des Forderungsmanagements**	59
1.	Grundsatz	59
2.	Neue Wertstufe für die Geschäftsgebühr bei Inkassomandaten zum 01.10.2021	59
3.	Streitwertänderungen bei Zahlungsvereinbarungen	60
VII.	**Erstattung der Kosten des Forderungsmanagements – Kostenerstattung – Doppelbeauftragung**	63

Tabellen

Anwaltsgebühren nach § 13 RVG	65
Mahnbescheidskosten	89
Vollstreckungsbescheidskosten	90
Mahnverfahren insgesamt	91
Gerichtsvollzieherkosten	92
Pfändungstabelle	95

Einige Gedanken vorab

Das Gesetz zur Verbesserung des Verbraucherschutzes im Inkassorecht[1] mag auf den ersten Blick vor allem für Inkassounternehmen gelten. Wer den vielzitierten zweiten Blick wagt, muss feststellen, dass es für alle maßgeblich ist, die mit der **Eintreibung fremder Forderungen** beauftragt sind. Denn gemäß der Legaldefinition in § 2 Abs. 2 RDG liegt eine Inkassodienstleistung vor, wenn die Einziehung fremder oder zum Zweck der Einziehung auf fremde Rechnung abgetretener Forderungen als Forderungseinziehung in der Form eines eigenständigen Geschäfts betrieben wird. Und das geschieht nicht nur in Inkassounternehmen, sondern im Grund auch in jeder Kanzlei täglich mehrfach!

Was ist passiert? Massiv geändert werden die **Gebührensätze** der Geschäfts- und Einigungsgebühr sowie die **Gegenstandswerte** im Rahmen der Vollstreckung, ausgeweitet wurden die **Aufklärungs- und Hinweispflichten** usw.

Wichtig ist, dass diese Änderungen – trotz unglücklicher Formulierung des Namens des Gesetzes – gleichermaßen für Anwälte und Inkassounternehmen gelten. Anwälte und Inkassodienstleister erbringen im Rahmen des Forderungseinzugs dieselben Leistungen und sind nun auch im Rahmen der Vergütung gleichgestellt.

Anwendbarkeit: Wann und in welchen Fällen greift das Gesetz zum verbraucherfreundlichen Inkasso?

Ob das Gesetz zur Verbesserung des Verbraucherschutzes anzuwenden ist oder nicht, beantwortet – für Inkassounternehmen und Anwälte gleichermaßen – die folgende Frage: Wie lautet mein Auftrag? Was ist gewollt: Rechtsdienstleistung oder Inkassodienstlistung?

Eine **Rechtsdienstleistung** liegt nach § 2 Abs. 1 RDG immer vor, wenn die Mandatsbearbeitung im Rahmen der Forderungseinziehung im konkreten Einzelfall eine Rechtsprüfung erfordert. Unerheblich ist also, ob eine solche Rechtsprüfung stattfindet, sondern ob sie auch erforderlich ist.

Erforderlich ist eine Rechtsberatung z. B., wenn der Gläubiger Beratungsbedarf hat, weil über die Berechtigung seiner Forderung Unsicherheit besteht; oder Anwalt oder Inkassounternehmer haben im Einzelfall Bedenken

---

[1] Gesetz zur Verbesserung des Verbraucherschutzes im Inkassorecht und zur Änderung weiterer Vorschriften vom 22.12.2020, BGBl. I S. 3320 ff.

Einige Gedanken vorab

gegen die Forderung und meinen, den Gläubiger hierauf hinweisen zu müssen. Oder aber – und das wird in der täglichen Praxis der Hauptanwendungsfall sein – das Verhalten des Schuldners, insbesondere seine Begründung für die Nichtleistung, macht eine **Über**prüfung der Forderung im Einzelfall erforderlich. Unerheblich ist also, ob eine solche rechtliche Prüfung stattfindet, sondern ob sie auch erforderlich ist.

Und was ist unter einer **Inkassodienstleistung** zu verstehen? Der Gesetzgeber definiert in § 2 RDG: „Einziehung fremder oder zum Zweck der Einziehung auf fremde Rechnung abgetretener Forderungen als Forderungseinziehung in der Form eines eigenständigen Geschäfts" und ergänzt um die Frage, ob eine rechtliche Prüfung im Einzelfall nicht erforderlich ist (§ 2 Abs. 1 vs. Abs. 2 RDG) oder nicht. Ist eine Rechtsprüfung (noch) nicht erforderlich, weil der Schuldner sich auf die Gläubigermahnungen zum Zeitpunkt der Auftragserteilung nicht gemeldet hat, liegt zunächst nur eine Inkassodienstleistung vor. Das kann sich im Laufe des Mandates aber auch ändern. Maßgeblich ist also nicht, wer tätig wird, sondern welche Dienstleistung erbracht wird.

Die nachfolgende Grafik soll etwas Licht in die komplexen Regelungen bringen:

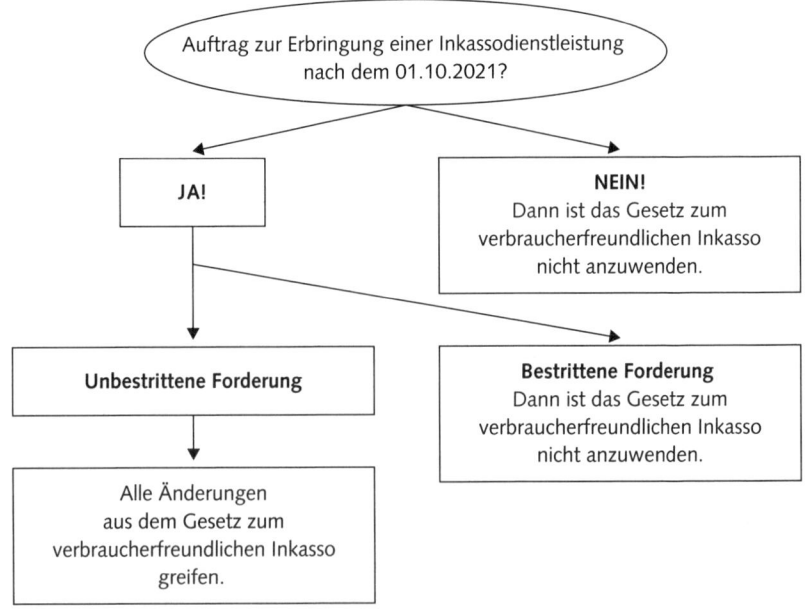

Das **Gesetz trat** gemäß Art. 10 Abs. 1 überwiegend am 01.10.2021 **in Kraft**, mit Ausnahme u. a. des § 25 Abs. 1 Nr. 4 RVG. Dieser ist bereits zum 01.01.2021 in Kraft getreten. § 25 Abs. 1 Nr. 4 RVG regelt, dass für die Einholung von Drittauskünften gemäß § 802l ZPO die Wertbegrenzung auf max. 2.000 € ebenso gilt wie für die Einholung der Vermögensauskunft beim Schuldner selbst. Leider haben sich damit die bislang hierzu ergangenen BGH-Entscheidungen[2], dass die Wertgrenze in diesen Fällen eben nicht greift, erledigt.

---

[2] BGH, Beschl. v. 20.09.2018, I ZB 120/17 und Beschl. v. 28.03.2019, I ZB 81/18.

I. Die Hinweispflichten

1. Hinweispflichten im ersten Aufforderungsschreiben an eine Privatperson

Sei es nun wegen § 43d BRAO oder wegen § 13a RDG: Mit der ersten Geltendmachung einer Forderung gegenüber einer Privatperson sind folgende Informationen **klar und verständlich in Textform** zu **übermitteln**:

1. der Name oder die Firma des Auftraggebers,
2. der Forderungsgrund, bei Verträgen unter konkreter Darlegung des Vertragsgegenstands und des Datums des Vertragsschlusses, bei unerlaubten Handlungen unter Darlegung der Art und des Datums der Handlung,
3. wenn Zinsen geltend gemacht werden, eine Zinsberechnung unter Darlegung der zu verzinsenden Forderung, des Zinssatzes und des Zeitraums, für den die Zinsen berechnet werden,
4. wenn ein Zinssatz über dem gesetzlichen Verzugszinssatz geltend gemacht wird, ein gesonderter Hinweis hierauf und die Angabe, aufgrund welcher Umstände der erhöhte Zinssatz gefordert wird,
5. wenn Inkassokosten geltend gemacht werden, Angaben zu deren Art, Höhe und Entstehungsgrund,
6. wenn mit den Inkassokosten Umsatzsteuerbeträge geltend gemacht werden, eine Erklärung, dass der Auftraggeber diese Beträge nicht als Vorsteuer abziehen kann,
7. wenn die Anschrift der Privatperson nicht vom Gläubiger mitgeteilt, sondern anderweitig ermittelt wurde, ein Hinweis hierauf sowie darauf, wie eventuell aufgetretene Fehler geltend gemacht werden können,
8. Bezeichnung, Anschrift und elektronische Erreichbarkeit der zuständigen Rechtsanwaltskammer, bzw. Aufsichtsbehörde für Inkassounternehmen.

Privatperson ist jede natürliche Person, gegen die eine Forderung geltend gemacht wird, die nicht im Zusammenhang mit ihrer gewerblichen oder selbständigen beruflichen Tätigkeit steht.

Nur auf entsprechende Anfrage einer Privatperson sind die folgenden ergänzenden Informationen **unverzüglich** in Textform mitzuteilen:

- der Name oder die Firma desjenigen, in dessen Person die Forderung entstanden ist,
- bei Verträgen die wesentlichen Umstände des Vertragsschlusses.

Hier ist vor allem der zeitliche Aspekt zu beachten: Unverzüglich. In der täglichen Praxis wird also längstens nach einer Woche eine Antwort an den Schuldner zu geben sein. Liegen die Informationen – ggf. auch wegen einer nötigen Nachfrage bei der Mandantschaft noch – nicht vor, ist eine Zwischeninformation an den Schuldner empfehlenswert.

2. Hinweispflichten beim Abschluss einer Zahlungsvereinbarung

Weitere Informationspflichten ergeben sich, wenn beabsichtigt ist, mit einer Privatperson eine Stundungs- oder Ratenzahlungsvereinbarung zu treffen: Dann ist **vor Abschluss** in Textform auf die dadurch entstehenden Kosten hinzuweisen.

Eine Ratenzahlungsvereinbarung kann also bei fehlendem Vorabhinweis nicht mehr spontan und unmittelbar am Telefon geschlossen werden.

Praxistipp
Formulierungsvorschlag für das erste oder zweite Mahnschreiben
Bereits vorab möchten wir Sie darauf hinweisen, dass der Abschluss einer Raten- bzw. Teilzahlungsvereinbarung weitere Kosten auslöst.

3. Hinweispflichten beim Schuldanerkenntnis

Soweit vom Schuldner als Privatperson ein Schuldanerkenntnis verlangt wird, müssen ebenfalls nach § 43d Abs. 4 BRAO bzw. § 13a Abs. 4 RDG **zuvor** in Textform folgende Hinweise erteilt werden:

… dass der Schuldner durch das Schuldanerkenntnis in der Regel die Möglichkeit verliert, solche Einwendungen und Einreden gegen die anerkannte Forderung geltend zu machen, die zum Zeitpunkt der Abgabe des Schuldanerkenntnisses begründet waren. Der Hinweis muss:

1. deutlich machen, welche Teile der Forderung vom Schuldanerkenntnis erfasst werden, und

2. typische Beispiele von Einwendungen und Einreden benennen, die nicht mehr geltend gemacht werden können, wie das Nichtbestehen oder die Erfüllung oder die Verjährung der anerkannten Forderung.

 Praxistipp
Formulierungsvorschlag
Bereits vorab möchten wir Sie darauf hinweisen, dass Sie nach Abgabe des Schuldanerkenntnisses Einwendungen und Einreden, wie das Nichtbestehen oder die Erfüllung oder die Verjährung der anerkannten Forderung, im Umfang des Anerkenntnisses nicht mehr geltend machen können.

4. Hinweispflichten in Textform

Ist durch Gesetz „Textform" vorgeschrieben, muss nach § 126b BGB eine lesbare Erklärung, in der die Person des Erklärenden genannt ist, auf einem **dauerhaften Datenträger** abgegeben werden. Ein dauerhafter Datenträger ist jedes Medium, das es dem Empfänger ermöglicht, eine auf dem Datenträger befindliche, an ihn persönlich gerichtete Erklärung so aufzubewahren oder zu speichern, dass sie ihm während eines für ihren Zweck angemessenen Zeitraums zugänglich und geeignet ist, die Erklärung unverändert wiederzugeben.

II. Die Vergütung im Forderungsmanagement

Maßnahmen der **Zwangsvollstreckung** sind gebührenrechtlich vom **Erkenntnisverfahren** zu trennen: Ob der Anwalt für Gläubiger oder Schuldner tätig wird, ist für den Gebührenanfall unerheblich. War er jedoch bereits als Prozessbevollmächtigter tätig, sind einige Folgetätigkeiten mit der Verfahrensgebühr des Erkenntnisverfahrens abgegolten und können damit nicht extra abgerechnet werden. Siehe hierzu auch § 19 RVG.

Die **Gebühren der Zwangsvollstreckung** ergeben sich aus Nr. 3309, 3310 VVRVG: Abzurechnen sind die Verfahrensgebühr, sobald der Anwalt nach Erteilung des Vollstreckungsauftrags tätig wird und ggf. eine Terminsgebühr. Diese entsteht nur für die Teilnahme an einem gerichtlichen Termin oder einem Termin zur Abnahme der Vermögensauskunft. Vorbemerkung 3 S. 2, 2. Alt. gilt leider nicht: Gespräche mit dem Schuldner zur Erledigung des Verfahrens im Rahmen einer Teilzahlungsvereinbarung lassen keine Terminsgebühr anfallen.

Denkbar sind jedoch auch die **Geschäftsgebühren** 2300 VVRVG und evtl. 2302 VVRVG sowie die **Einigungsgebühr** nach Nr. 1000 ff. VVRVG. Besondere Regelungen finden sich für die Vertretung im Insolvenzverfahren und Verteilungsverfahren nach der schifffahrtsrechtlichen Verteilungsordnung und im Rahmen der Zwangsversteigerung und -verwaltung.

Der **Anwalt eines sonstigen Beteiligten** der Zwangsvollstreckung, z. B. des Drittschuldners oder des Eigentümers einer gepfändeten Sache, kann sich die Gebühren Nr. 3309 und 3310 VVRVG nicht verdienen. Für die Abgabe der Drittschuldnererklärung kann die Geschäftsgebühr des Nr. 2300 VVRVG abgerechnet werden, ggf. auch nur die Beratungsgebühr gemäß § 34 RVG. Maßgeblich ist – wie immer – der Auftrag des Mandanten. Für die Erhebung der Drittwiderspruchsklage gelten die Gebührenregelungen Nr. 3100 ff. VVRVG. Ebenfalls nicht abgerechnet werden können die Gebühren der Nr. 3309 oder 3310 für die Beitreibung angefallener Notarkosten durch den Anwaltsnotar oder für Maßnahmen, die erst die Vollstreckbarkeit herbeiführen, wie z. B. die Leistung der Sicherheit.

1. Die Geschäftsgebühr Nr. 2300 VVRVG

Erteilt der Mandant den Auftrag, den Schuldner zur Zahlung aufzufordern, noch ohne konkreten Auftrag zur Zwangsvollstreckung für den Fall der

Nichtzahlung, fällt die Geschäftsgebühr nach Nr. 2300 VVRVG an. Bleibt diese Tätigkeit ohne Ergebnis und wird anschließend doch der Auftrag, die Forderung im Rahmen der Zwangsvollstreckung geltend zu machen, erteilt, muss eine Anrechnung gemäß Vorbem. 3, Abs. 4 auf die Verfahrensgebühr Nr. 3309 VVRVG erfolgen.

Der Anfall der ermäßigten Geschäftsgebühr Nr. 2302 VVRVG ist in der Praxis nicht wirklich relevant, da der Mandant selten konkret einen Auftrag (nur) zur Fertigung eines einfachen Schreibens erteilen wird. Ob lediglich eine Geschäftsgebühr für ein einfaches Schreiben angefallen ist, richtet sich nicht nach dem Erscheinungsbild des Aufforderungsschreibens, sondern nach dem erteilten Auftrag: Das „Ergebnis", also das vom Anwalt an den Schuldner versandte Schreiben ist nicht maßgeblich.[3]

2. Die Neuregelungen zur Geschäftsgebühr zum 01.10.2021

Die wohl gravierendste Änderung aus dem Gesetz zum verbraucherfreundlichen Inkasso findet sich im neuen Absatz 2 der Anmerkung zu Nr. 2300 VVRVG. Ab dem 01.10.2021 ist die Geschäftsgebühr Nr. 2300 VVRVG wie folgt gefasst:

> *Geschäftsgebühr, soweit in den Nummern 2302 und 2303*
> *nichts anderes bestimmt ist*   *0,5 bis 2,5*
>
> *(1) Eine Gebühr von mehr als 1,3 kann nur gefordert werden,*
> *wenn die Tätigkeit umfangreich oder schwierig war.*
>
> *(2) Ist Gegenstand der Tätigkeit eine Inkassodienstleistung,*
> *die eine unbestrittene Forderung betrifft, kann eine Gebühr von*
> *mehr als 0,9 nur gefordert werden, wenn die Inkassodienstleis-*
> *tung besonders umfangreich oder besonders schwierig war.*
> *In einfachen Fällen kann nur eine Gebühr von 0,5 gefordert*
> *werden; ein einfacher Fall liegt in der Regel vor, wenn die*
> *Forderung auf die erste Zahlungsaufforderung hin beglichen*
> *wird. Der Gebührensatz beträgt höchstens 1,3.*

Die bisherige Anmerkung, dass eine Gebühr von mehr als dem 1,3-fachen Satz nur gefordert werden kann, wenn die Tätigkeit des Anwalts umfangreich oder schwierig war, wird zu Absatz 1 der Anmerkung. Der neu hinzugefügte Absatz 2 der Anmerkung enthält die Neuregelungen zur Geschäftsgebühr.

---

[3] BGH, Beschl. v. 26.02.2013, XI ZR 345/10.

II. Die Vergütung im Forderungsmanagement

Erkennt der Anspruchsgegner die geltend gemachte Forderung ohne Vorbehalte an und will nur eine Ratenzahlung mit dem Rechtsanwalt vereinbaren, liegt eine unbestrittene Forderung vor mit der Folge, dass der Gebührensatzrahmen der Geschäftsgebühr der Nr. 2300 VVRVG 0,5 bis 1,3 beträgt.

Die nachfolgende Grafik soll etwas Licht in die komplexen Regelungen bringen:

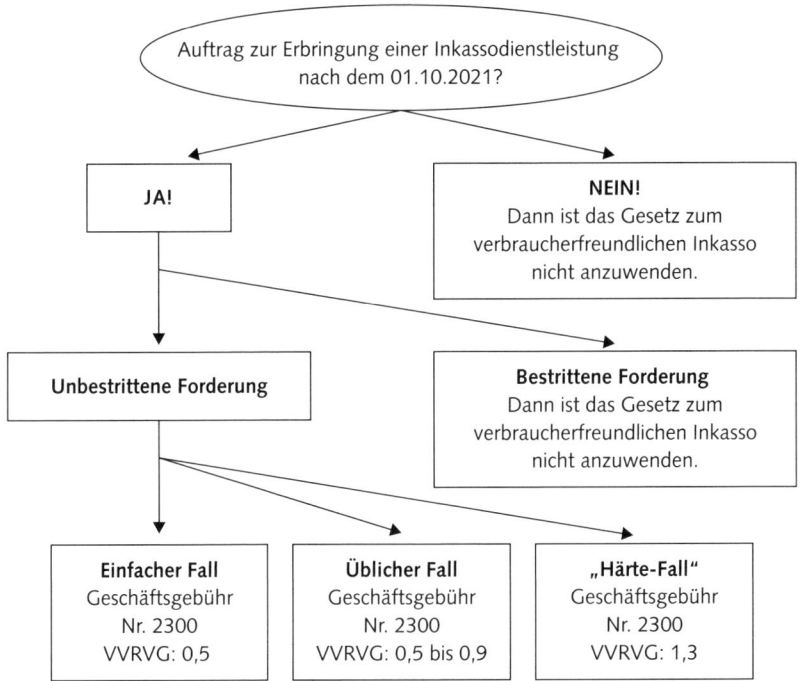

Es ergibt sich also folgende **Staffelung der Geschäftsgebühr** bei **unbestrittenen Forderungen**:

Einfache Fälle, d.h. Zahlung erfolgt auf die erste Aufforderung	0,5
Grundsätzlich	0,9
„Harte" Fälle, d.h. Inkassodienstleistung war besonders umfangreich oder besonders schwierig	1,3

II. Die Vergütung im Forderungsmanagement

a) Einfacher Fall

Gemäß Abs. 2 S. 2 der Anm. zu Nr. 2300 VVRVG kann in einfachen Fällen eine Gebühr von nur 0,5 gefordert werden; ein einfacher Fall liegt in der Regel vor, wenn die Forderung auf die **erste Zahlungsaufforderung** hin beglichen wird. Ich tendiere fast schon dazu, die erste Mahnung künftig „lieb" zu schreiben, damit diese nicht wirklich als „Mahnung" wahrgenommen wird.

Denkbar ist auch die sog. **Skonto-Lösung**: In der Forderungsaufstellung wird die Geschäftsgebühr bei einer Zahlung bis zum … zunächst mit 0,9 berücksichtigt. Begleicht der Schuldner die Forderung auf die erste Aufforderung (innerhalb kürzerer Frist), reduziert sich die Geschäftsgebühr auf 0,5. Diese Lösung ist buchhalterisch leider durchaus aufwendig.

Der Gesetzgeber geht davon aus, dass auch in folgender Konstellation ein lediglich einfacher Fall vorliegt: Auf die erste Zahlungsaufforderung hin wird eine Zahlungsvereinbarung getroffen, die der Schuldner vereinbarungsgemäß erfüllt. Der Mehraufwand für den Abschluss der Teilzahlungsvereinbarung wird, so der Gesetzgeber, ausreichend durch die Einigungsgebühr abgegolten.

b) Durchschnittlicher Fall

Im Rahmen des Gesetzgebungsverfahrens (BT-Drucksache 19/20348, S. 63) hat der Gesetzgeber den durchschnittlichen Fall anhand folgender **Kriterien** bestimmt:

- im konkreten Einzelfall erfolgt lediglich eine Schlüssigkeitsprüfung anstelle einer rechtlichen Prüfung,
- der Schuldner wird schriftlich und oder telefonisch gemahnt,
- es findet eine Zahlungseingangsüberwachung statt,
- es besteht kein Beratungsbedarf,
- eine Adressermittlung,
- die Überwachung einer Ratenzahlungsvereinbarung mit nur einigen Raten,
- die Tätigkeiten können standardisiert, wenn nicht automatisiert werden,
- die Tätigkeiten werden nicht durch Rechtsanwälte oder sachkundige Personen, sondern nur unter deren Aufsicht erbracht.

Bei Mehraufwand, der auch erforderlich ist, kann die Geschäftsgebühr mit mehr als 0,9 angesetzt werden.

Die einem gerichtlichen Mahnverfahren vorangehende vorgerichtliche Tätigkeit ist wohl regelmäßig mit 0,9 zu bewerten, da das Verfahren gem. §§ 688 ZPO nur dann sinnvoll ist, wenn mit Widerspruch nicht zu rechnen ist.

c) Überdurchschnittlicher Fall

Eine Gebühr von mehr als 0,9 kann nur gefordert werden, wenn die Inkassodienstleistung **besonders umfangreich oder besonders schwierig** war. Im Unterschied zu Abs. 1 der Anm. zu Nr. 2300 VVRVG stellt Abs. 2 der Anm. zu Nr. 2300 VVRVG darauf ab, dass die Inkassodienstleistung besonders umfangreich oder besonders schwierig war. Wann kann die Inkassotätigkeit als überdurchschnittlich bezeichnet werden? Dies ist unter Berücksichtigung der BT-Drucksache 19/20348, S. 63, u. a. in folgenden Fällen zu bejahen:

- es sind mehrere Einzelforderungen einzuziehen,
- mehrfache Adressrecherche nötig,
- Überwachung von Raten- oder Teilzahlungsvereinbarungen mit mehr als 9 Raten,
- mit dem Schuldner werden eine oder mehrere Abtretungen vereinbart,
- der Schuldner muss „immer wieder" zur Zahlung aufgefordert werden,
- es finden mehrfach Gespräche/Telefonate mit dem Schuldner statt,
- es gibt Kommunikationsprobleme,
- Rücklastschriften,
- Auslandskontakt,
- Hausbesuche, in denen die finanzielle Situation des Schuldners auf seinen Wunsch hin ausführlich aufgearbeitet wird.

Und wann liegt ein überdurchschnittlicher Fall nicht vor? Eine umfangreiche Inkassodienstleistung soll demgegenüber nicht allein durch viele schriftliche oder telefonische Mahnungen begründet werden können, „wenn nicht davon auszugehen war, dass die Mahnungen noch einen Erfolg bringen würden" (BT-Drucksache 19/20348, S. 63). Die Art der Formulierung belegt, dass auch eine hohe Zahl solcher Mahnungen einen besonderen Aufwand begründet, der unter Heranziehen der Kriterien des § 14 RVG zur umfangreichen Inkassodienstleistung führen kann. Der Anwalt bzw. Inkassounternehmer ist jedoch dafür **beweispflichtig**, dass die Mahnungen doch zur zumindest teilweisen Zahlung der Forderung führten.

Hier bleibt abzuwarten, in welchen Fällen die Rechtsprechung künftig von einem einfachen oder überdurchschnittlichen Fall im Sinne des Abs. 2 der Anmerkung zu Nr. 2300 VVRVG ausgeht.

d) Zusammenfassung Geschäftsgebühr
Teil 1 Abschnitt 3 VVRVG

- Geschäftsgebühr in Mandaten über streitige Forderungen nach Nr. 2300 Abs. 1   0,5 – 2,5
  - Schwellenwert, wenn die Tätigkeit weder umfangreich noch schwierig ist   1,3
- Geschäftsgebühr in Inkassomandaten über nichtstreitige Forderungen nach Nr. 2300 Abs. 2   0,5 – 1,3
  - Schwellenwert, wenn die Tätigkeit weder besonders umfangreich oder besonders schwierig ist   0,9
- Beschränkt sich der Auftrag auf ein einfaches Schreiben: Nr. 2301 VVRVG   0,3
- Erhöhung bei mehreren Auftraggebern Nr. 1008 VVRVG bei Festgebühren um   0,3 oder 30 %
- Bei Betragsrahmengebühren erhöhen sich der Mindest- und Höchstbetrag um 30 %, die maximale Erhöhung beträgt 2,0, bzw. das Doppelte des Höchstbetrages.

Auch die Geschäftsgebühr aus dem ermäßigten Rahmen des Abs. 2 der Anm. zu Nr. 2300 VVRVG ist nach der Vorb. 3 Abs. 4 VVRVG zur Hälfte, höchstens mit einem Gebührensatz von 0,75 **anzurechnen** auf eine Verfahrensgebühr eines gerichtlichen Verfahrens. Bei einem Gebührensatz von 0,9 also in Höhe von 0,45.

3. Die Verfahrensgebühr Nr. 3309 VVRVG

Die Verfahrensgebühr gemäß VVRVG 3309 **entsteht** nicht erst mit einer konkreten Vollstreckungsmaßnahme, sondern bereits mit Entgegennahme des Auftrags, die Zwangsvollstreckung durchzuführen bzw. abzuwenden, auf **Gläubigerseite** also bereits

- mit der Einholung von Informationen über mögliche Vollstreckungsmaßnahmen,
- für Anfragen beim Einwohnermeldeamt, dem zuständigen Postamt, für Internetrecherche o.ä. zur Ermittlung der aktuellen Adresse.

II. Die Vergütung im Forderungsmanagement

Die in § 19 Ziff. 9, 11, 12, 16 RVG genannten Folgetätigkeiten sind jedoch noch von der Verfahrensgebühr des Erkenntnisverfahrens abgedeckt, lösen also die Verfahrensgebühr für die Zwangsvollstreckung (leider) noch nicht aus.

Die Vorbereitung der Zwangsvollstreckung, z. B. durch Bonitätsprüfungen, bei bereits erteiltem vollem ZV-Auftrag, lässt ebenfalls bereits die Verfahrensgebühr nach Nr. 3309 VVRVG anfallen. Auch wenn dieser aufgrund der negativen Ergebnisse nicht durchgeführt wurde, ist diese festsetzbar und damit erstattungsfähig. Bei Einholung der Auskünfte alle zwei Jahre, liegt jeweils eine neue Angelegenheit vor.[4]

Eine anwaltliche Vollstreckungsgebühr für eine an den Schuldner gerichtete Zahlungsaufforderung mit **Vollstreckungsandrohung** ist bereits dann **erstattungsfähig** und nach § 788 ZPO festzusetzen, wenn der Gläubiger eine vollstreckbare Ausfertigung des Titels im Besitz hat und dem Schuldner zuvor ein angemessener Zeitraum zur freiwilligen Erfüllung zur Verfügung stand. Dies gilt nicht für die Fälle des § 798 ZPO, wenn also vor Ablauf der gesetzlich vorgegebenen Wartefristen von zwei Wochen für die Vollstreckung aus bestimmten Titeln (Kostenfestsetzungsbeschlüsse, notarielle Urkunden u.ä.) die Zwangsvollstreckung begonnen wird.[5] Zahlungsaufforderungsschreiben, die keine Zwangsvollstreckungsandrohung enthalten, sind von der Verfahrensgebühr des Erkenntnisverfahrens umfasst.

Beim **Schuldnervertreter** fällt die Gebühr dann an, wenn der Mandant mit der Zwangsvollstreckung in Form einer Zahlungsaufforderung konfrontiert wird und um Unterstützung bittet.

Eine **Ermäßigung** der Gebühr ist nicht vorgesehen; d.h. dass auch dann die 0,3 Gebühr abgerechnet werden kann, wenn sich der Auftrag vorzeitig durch Zahlung oder noch vor Beauftragung des Gerichtsvollziehers oder vor Antrag auf Erlass eines Pfändungs- und Überweisungsbeschlusses erledigt. Ein Tätigwerden nach außen hin ist nicht erforderlich.

Gemäß § 18 Ziff. 3 RVG bildet jede Vollstreckungsmaßnahme zusammen mit den durch diese vorbereiteten weiteren Vollstreckungshandlungen bis zur Befriedigung des Gläubigers eine **Angelegenheit**. Die Verfahrensgebühr kann deshalb grundsätzlich nicht für jede Tätigkeit im Rahmen der Zwangsvollstreckung neu abgerechnet werden. So bilden z. B. vorläufiges Zahlungsverbot und Pfändungs- und Überweisungsbeschluss eine Angelegenheit. Dies gilt auch dann, wenn mit Vorpfändung und folgendem Pfändungs- und

---

4 LG Landshut, Beschl. v. 19.12.2019, 32 T 3724/19.
5 BGH, Beschl. v. 18.07.2003, IXa ZB 146/03.

II. Die Vergütung im Forderungsmanagement

Überweisungsbeschluss auf mehrere Forderungen des Schuldners zugegriffen wird, sobald die Pfändung mit einem Beschluss ausgesprochen wird. Wird jedoch (später) nochmals ein Auftrag erteilt auf weitere, später bekannt gewordene Forderungen zuzugreifen, kann die Verfahrensgebühr erneut angesetzt werden.

Stellt der Gerichtsvollzieher fest, dass der Schuldner verzogen ist und muss nach Feststellung der neuen Adresse ein weiterer Vollstreckungsauftrag an den nun zuständigen Gerichtsvollzieher erteilt werden, ist dies noch immer mit der ersten 0,3 Verfahrensgebühr nach VVRVG 3309 abgegolten. Der zweite Gerichtsvollzieher wird jedoch seine Bemühungen ganz unabhängig von der Kostenrechnung des ersten Kollegen in Rechnung stellen.[6]

Das Vollstreckungsverfahren und ein deshalb eingeleitetes Erinnerungsverfahren nach § 766 gemäß § 18 Ziff. 3 RVG sind eine Angelegenheit.[7] War der Anwalt also bereits in der Zwangsvollstreckung tätig – und hatte hierfür bereits die Gebühr Nr. 3309 VVRVG verdient –, kann insgesamt die 0,5 Gebühr der Nr. 3500 VVRVG abgerechnet werden. Der Kostenschuldner des Beschwerdeverfahrens hat im Zweifelsfall also nur die Differenz i. H. v. 0,2 zwischen der Beschwerdegebühr des 3500 VVRVG und der Gebühr 3309 VVRVG für die Zwangsvollstreckung, die der Schuldner trägt zzgl. Auslagenpauschale und Umsatzsteuer zu erstatten; §§ 15 Abs. 6 i. V. m. 19 Abs. 2 Ziff. 2 RVG.

Beim **Vorgehen gegen Gesamtschuldner** handelt es sich um getrennte Aufträge, die auch jeweils einzeln abgerechnet werden können, wenn konkret mehrere Vollstreckungsaufträge erteilt wurden. Umstritten war, wie viele Gebühren anfallen, wenn die Zwangsvollstreckung gegen Gesamtschuldner in nur einem Antrag betrieben wird. Die h. M. bejaht den „doppelten Gebührenanfall".[8] Die gesamtschuldnerische Haftung der Schuldner umfasst auch die Kosten der Zwangsvollstreckung gegen den oder jeweils die anderen Gesamtschuldner, § 788 Abs. 1, S. 3 ZPO.

Wird der Anwalt für mehrere Auftraggeber – also **Gesamtgläubiger** – tätig, so erhöht sich die Verfahrensgebühr gemäß § 7 RVG und VVRVG 1008 um konkret 0,3 für jeden weiteren Auftraggeber. Damit verdoppelt sich bereits

---

6 BGH, Beschl. v. 05.11.2004, IXa 77/04.
7 LG Mönchengladbach Beschl. v. 5.10.2005, 5 T 366/05.
8 Gebührenanfall ebenfalls bejahend: Gerold/Schmidt/*Müller-Rabe*, VV 3309, Rn 58, *Mümmler*, JurBüro 78, 819; 81, 1147 und 87, 1649; LG Berlin, 22.05.1995, Beschl. v. 82 T 370/94, JurBüro, 195 J 530 (erstattungsfähig aber nur eine Gebühr, wenn auch die Vollstreckung gegen einen von mehreren Schuldnern aussichtsreich gewesen wäre). Verneinend: SchlHOLG, Beschl. v. 11.07.1995, 9 W 60/95, JurBüro, 1996, 89, OLG Köln, Beschl. v. 06.07.1992, 17 W 113/92, JurBüro 1993, 602. Zu den Gerichtsvollzieherkosten vgl. *Kessel*, DGVZ, 1998, 118.

bei zwei Auftraggebern die ursprüngliche Gebühr. Die maximale Erhöhung bei mehreren Auftraggebern beträgt 2,0. Damit sind also bis zur Maximalgebühr von 2,3 (= Ausgangsgebühr in der Zwangsvollstreckung 0,3 + Maximalgebühr 2,0) genau acht Auftraggeber gebührentechnisch interessant.

> **Beispiele**
>
> Wird RA Schlau für Adam und Eva im Rahmen der Zwangsvollstreckung gegen Romeo und Julia tätig, handelt es sich gebührentechnisch um zwei Zwangsvollstreckungsaufträge, die mit **jeweils** einer 0,3 Verfahrensgebühr gemäß VVRVG 3309, erhöht gemäß § 7 RVG i. V. m. VVRVG 1008 um 0,3, also insgesamt 0,6 abgerechnet werden können, das heißt im Ergebnis 1,2 Gebühren.
>
> Wird der Vollstreckungsauftrag von einer Erbengemeinschaft mit 12 Mitgliedern erteilt, kann insgesamt eine Verfahrensgebühr VVRVG 3309 in Höhe von 2,3 abgerechnet werden.

Tätigkeiten im Rahmen der Vollziehung eines Arrestes und einstweiliger Verfügung bzw. Anordnung sind im Grunde der Zwangsvollstreckung vergleichbar und entsprechend der Vorbemerkung 3.3.3 lit. 4 VVRVG auch mit den Gebühren 3309 und 3310 abzurechnen. Wichtig ist jedoch § 17 Ziff. 4 RVG: Hauptsache und Vollziehung sind verschiedene Angelegenheiten. Dies gilt auch dann, wenn im Auftrag zum Erlass des Arrestes bereits der Erlass eines Pfändungsbeschlusses beantragt wird. Bei positiver Entscheidung über beide Anträge, können für den Arrest die 1,3 Verfahrensgebühr Nr. 3100 VVRVG (da für diesen Verfahrensabschnitt eine mündliche Verhandlung nicht zwingend vorgesehen ist, die Terminsgebühr nur dann, wenn tatsächlich ein Termin stattfindet oder nach Vorbem. 3 Abs. 3, 3. Alt.) für den Pfändungsbeschluss die Nr. 3309 VVRVG abgerechnet werden.

Die Zustellung des Arrestes ist noch von der Verfahrensgebühr des Erkenntnisverfahrens umfasst, jede Vollziehungsmaßnahme bei der Vollziehung bildet gem. § 18 Abs. 1 Ziff. 1 RVG eine besondere Angelegenheit.

Wird gegen den Arrest Einspruch eingelegt und kann/muss aus dem Urteil des Hauptsacheverfahrens die Zwangsvollstreckung betrieben werden, so ist zwischen der Vollziehung und der Vollstreckung zu unterscheiden. Jede Maßnahme bildet nach den Grundsätzen des § 18 Abs. 1 Ziff. 1 RVG eine eigene Angelegenheit.

> **Beispiel**
> Im Rahmen der Vollziehung des Arrestes in ein Konto durch den Pfändungsbeschluss kann lediglich der Rang gesichert werden. Die Vollstreckung des Urteils aus der Hauptsache durch den Pfändungs- und Überweisungsbeschluss nutzt diesen und führt (hoffentlich) zur Befriedigung. Die Gebühr Nr. 3309 kann zweimal abgerechnet werden. Dies gilt ebenso für die Pfändung einer beweglichen Sache durch den Gerichtsvollzieher und den anschließenden Auftrag zur Verwertung im Rahmen einer Versteigerung.

Die **mehrfache Beantragung von Zwangsmitteln** im Rahmen der Zwangsvollstreckung nach § 888 ZPO stellt eine einzige besondere Angelegenheit im Sinne von § 18 Abs. 1 Nr. 13 RVG zur Erzwingung einer bestimmten Handlung dar.[9]

Mit Recht bezieht sich diese Meinung auf den Wortlaut des § 18 Abs. 1 Nr. 13 RVG, der dafür spricht, das gesamte Verfahren der Vollstreckung nach § 888 ZPO als Einheit zu sehen, das pauschal alle Tätigkeiten abdeckt, einschließlich der mehrfachen Erwirkung der Verurteilung zu Zwangsgeld oder Zwangshaft. Im Gegensatz zur Vollstreckung nach § 890 ZPO, die gebührenrechtlich in § 18 Abs. 1 Nr. 14 RVG geregelt ist und für die „jede Verurteilung zu einem Ordnungsgeld" als besondere Angelegenheit ausgestaltet ist, bildet nach dem Wortlaut des § 18 Abs. 1 Nr. 13 RVG „das Verfahren" zur Ausführung der Zwangsvollstreckung auf Vornahme einer Handlung durch Zwangsmittel nach § 888 ZPO eine besondere Angelegenheit.

Mit Erteilung des Auftrags, eine **Schutzschrift** einzulegen, kann bereits die Verfahrensgebühr abgerechnet werden – mit Einreichung in Höhe von 1,3. Noch ist zwar kein gerichtliches Verfahren anhängig, der Antrag enthält jedoch regelmäßig Sachvortrag, so dass eine Reduzierung auf 0,8 (Nr. 3101 Ziff. 1 VVRVG) nicht zu diskutieren ist.

Für die gegen einen erwarteten Antrag auf Erlass einer einstweiligen Verfügung bei Gericht eingereichte Schutzschrift mit Sachvortrag erhält der mit der Vertretung im erwarteten Eilverfahren betraute Anwalt die 1,3 Gebühr nach Nr. 3100 VVRVG, wenn der Verfügungsantrag bei Gericht eingeht und später wieder zurückgenommen wird.[10]

---

9 BGH, Beschl. v. 20.02.2020, I ZB 68/19.
10 BGH, Beschl. v. 13.03.2008, I ZB 20/07.

Praxistipp
Einigungsgebühr Teilzahlungsvereinbarung
Bereits im Angebot auf Abschluss der Ratenzahlungsvereinbarung, Hinweis an den Schuldner, dass die Vereinbarung bereits mit Zahlung der ersten Rate als angenommen gilt.

Damit steht dem Gläubigervertreter auch die Einigungsgebühr nach Nr. 1000 ff. RVG zu.

Formulierungsvorschlag:
Diese Vereinbarung wird wirksam mit Rücksendung eines gegengezeichneten Exemplars dieses Vertrages oder Überweisung der ersten Rate.

4. Die Beratungsgebühr § 34 RVG

Auch die Beratungs-„gebühr" kann anfallen: Lässt sich der Mandant über die verschiedenen Möglichkeiten im Rahmen der Zwangsvollstreckung beraten, ohne konkret den Vollstreckungsauftrag zu erteilen, so muss nach § 34 RVG eine Vergütungsvereinbarung abgeschlossen werden, andernfalls greifen beim Verbraucher die Obergrenzen i. H. v. 250,00 bzw. 190,00 € netto.

5. Die Terminsgebühr Nr. 3310 VVRVG

Daneben kommt die Terminsgebühr Nr. 3310 VVRVG in Betracht. Sie fällt – im Gegensatz zur Terminsgebühr des Nr. 3104 VVRVG – nur für die Teilnahme (und das reicht aber auch bereits) – an gerichtlichen Terminen an. Gerichtliche Termine im Sinn der Nr. 3310 sind die Termine – egal ob Richter- oder Rechtspflegerzuständigkeit – in den Verfahren nach §§ 887 bis 890, 891 ZPO, Anordnung von Vollstreckungshandlungen nach § 764 ZPO und Vollstreckungsschutzanträge nach § 765a ZPO.

Eine Terminsgebühr kann ebenfalls für die Teilnahme an einem vom Gerichtsvollzieher anberaumten Termin zur Abgabe der Vermögensauskunft abgerechnet werden. Für die Teilnahme an Besprechungen mit dem Schuldner zur Vermeidung oder Erledigung der Zwangsvollstreckung, also auch Gespräche im Rahmen einer Teilzahlungsvereinbarung, kann die Terminsgebühr nicht abgerechnet werden. Ebenso nicht für Besprechungen mit dem Gerichtsvollzieher im Rahmen eines Räumungs- oder Versteigerungstermins.

II. Die Vergütung im Forderungsmanagement

6. Die Einigungsgebühr Nr. 1000 ff. VVRVG

Unabhängig von den vorgenannten Gebühren kann im Rahmen der Zwangsvollstreckung die Einigungs-/Erledigungsgebühr gemäß VVRVG Nr. 1000, 1002 oder 1003 anfallen. Der Anwalt kann diese Gebühr für das Mitwirken bei einer Einigung abrechnen.

Eine Einigung im Rahmen der Zwangsvollstreckung kann nach h. M. (noch) nicht darin gesehen werden, dass der Gläubiger auf die Durchsetzung des Titels verzichtet oder der Schuldner die Forderung in voller Höhe erfüllt. Der Gebührenanfall ist jedoch zu bejahen, wenn ein konkreter (Teil-) Zahlungsplan oder eine Ratenzahlungsvereinbarung abgeschlossen wird.

Auf ein gegenseitiges Nachgeben kommt es nicht (mehr) an.

Weitere Voraussetzung für das Entstehen der Einigungsgebühr ist, dass der Anwalt beim Zustandekommen der Einigung mitgewirkt hat. Erforderlich ist eine auf den Abschluss einer endgültigen Einigung bezogene ursächliche oder zumindest mitursächliche Tätigkeit des Rechtsanwaltes. Wird der Ratenzahlungsvergleich direkt zwischen Schuldner und Gläubiger geschlossen, so kann die Einigungsgebühr nicht angesetzt werden, da ein „Mitwirken" nicht stattgefunden hat. Gleiches gilt, wenn sich der Gläubiger allgemein dem Gerichtsvollzieher gegenüber mit der Ratenzahlung durch den Schuldner einverstanden erklärt[11] und der Gerichtsvollzieher die Zahlung von Teilbeträgen konkret im Rahmen der Zwangsvollstreckung bewilligt.

Der Anfall der Einigungsgebühr kann jedoch bejaht werden, wenn der Gläubiger sich, bevor die Ratenzahlungsvereinbarung mit dem Schuldner endgültig abgeschlossen wird, mit seinem Anwalt in Verbindung setzt, um abzuklären, ob und unter welchen Bedingungen Ratenzahlungsvereinbarung abgeschlossen werden kann oder um Inhalte einer Vereinbarung abzuchecken. Gleiches gilt bei Ratenzahlungsvereinbarungen, wenn – bei entsprechender Formulierung – die im Angebot enthaltene Rate gezahlt wird. Eine ausdrückliche Annahme der Vereinbarung durch den Schuldner ist nicht nötig.[12]

Auch wenn diese Vereinbarung im Ergebnis dann nicht in voller Höhe erfüllt wird, ist die Gebühr sowohl angefallen als auch durch den Schuldner zu erstatten.

---

11 BGH, Beschl. v. 28.06.2006, VII ZB 157/05.
12 AG Heidelberg, Beschl. v. 18.03.2015, 1 M 10/15, DGVZ 2016, 113; AG Landsberg, Beschl. v. 30.08.2012, 2 M 1330/12; LG Augsburg, Beschl. v. 18.10.2012, 43 T 3572/12.

Situation ab dem 01.10.2021

Ab dem 01.10.2021 lautet **Nr. 1000 VVRVG** wie folgt

Einigungsgebühr für die Mitwirkung beim Abschluss eines Vertrags

1. durch den der Streit oder die Ungewissheit über ein Rechtsverhältnis beseitigt wird   1,5

2. durch den die Erfüllung des Anspruchs geregelt wird, bei gleichzeitigem vorläufigem Verzicht auf seine gerichtliche Geltendmachung oder, wenn bereits ein zur Zwangsvollstreckung geeigneter Titel vorliegt, bei gleichzeitigem vorläufigem Verzicht auf Vollstreckungsmaßnahmen (Zahlungsvereinbarung)   0,7

Bis zum 30.09.2021 fällt die Einigungsgebühr auch dann in Höhe von 1,5 bzw. 1,0 an, wenn sie durch die Mitwirkung des Anwalts beim Abschluss einer Zahlungsvereinbarung ausgelöst wird. Ab dem 01.10.2021 ist Nr. 1000 VVRVG dahingehend geändert, dass die Einigungsgebühr nurmehr in Höhe von 0,7 entsteht, wenn der Rechtsanwalt am Abschluss einer (Teil-) Zahlungsvereinbarung i. S. d. Nr. 1000 Ziffer 2 VVRVG mitwirkt.

Es wird nicht mehr unterschieden, ob im Zeitpunkt des Abschlusses der (Teil-) Zahlungsvereinbarung über den Anspruch ein gerichtliches Verfahren in erster oder zweiter Instanz oder eine Zwangsvollstreckungsmaßnahme beim Gerichtsvollzieher anhängig ist oder nicht.

In all den Fällen, in welchen der Rechtsanwalt den Auftrag von seinem Mandanten ab dem 01.10.2021 erhalten hat, kann für den Abschluss einer (Teil-) Zahlungsvereinbarung nur noch eine 0,7 Einigungsgebühr nach Nr. 1000 Ziffer 2 VVRVG abgerechnet werden.

Wird durch den Vergleich zunächst der Streit oder die Ungewissheit über ein Rechtsverhältnis beseitigt und dann eine Vereinbarung über die Zahlung des Vergleichsbetrags getroffen, kommt mE Nr. 1000 Ziffer 1 VVRVG zur Anwendung mit der Folge, dass eine 1,5 oder eine 1,0 (im Falle der Nr. 1003 VVRVG) Einigungsgebühr entsteht.

> **Beispiel 1**
>
> Der Rechtsanwalt macht außergerichtlich eine bestrittene Forderung in Höhe von 15.000,00 € geltend. Der Auftrag wird dem Rechtsanwalt nach dem 01.10.2021 erteilt. Nach Besprechung mit dem gegnerischen Bevollmächtigten schließen die beteiligten Rechtsanwälte – mit Zustimmung der Parteien – einen Vergleich, wonach der Anspruchsgegner an den Anspruchsteller zur Abgeltung aller Ansprüche einen Betrag i. H. v. 12.500,00 € zahlt. Dieser Ver-

gleichsbetrag ist vom Antragsgegner in monatlichen Raten von 500,00 € zu zahlen.

Die anwaltliche Tätigkeit war umfangreich, so dass der Ansatz der Mittelgebühr für die Geschäftsgebühr angemessen ist.

Der Anwalt kann wie folgt abrechnen:

Gegenstandswert: 15.000,00 €

1,5 Geschäftsgebühr §§ 2, 13, 14 RVG iVm Nr. 2300 VVRVG	1.077,00 €
1,5 Einigungsgebühr §§ 2, 13 RVG iVm Nr. 1000 Ziffer 1 RVG	1.077,00 €
Pauschale für Entgelte für Post- und Telekommunikationsdienstleistungen, Nr. 7002 VVRVG	20,00 €

Es entsteht eine 1,5 Einigungsgebühr gem. Nr. 1000 Ziffer 1 VVRVG. Die Parteien schließen zunächst einen Vertrag, durch den der Streit oder die Ungewissheit über das Rechtsverhältnis, den Anspruch, beseitigt wird. § 31b RVG kommt hier ebenfalls nicht zur Anwendung, so dass sich auch die Einigungsgebühr nach dem – vollen – Anspruch bestimmt."

Beispiel 2

Der Rechtsanwalt wird beauftragt, eine bislang unbestrittene Forderung in Höhe von 15.000,00 € außergerichtlich geltend zu machen. Der Auftrag wird dem Rechtsanwalt nach dem 01.10.2021 erteilt. Nach Besprechung mit dem Gegner kann ein Vergleich geschlossen werden, wonach der Anspruchsgegner an den Anspruchsteller zur Abgeltung aller Ansprüche einen Betrag i. H. v. 12.500,00 € zahlt. Dieser Vergleichsbetrag ist vom Antragsgegner in monatlichen Raten von 500,00 € zu zahlen.

Der Anwalt kann wie folgt abrechnen:

Gegenstandswert: 7.500,00 € (hier greift § 31b RVG)

0,9 Geschäftsgebühr §§ 2, 13, 14 RVG iVm Nr. 2300 VVRVG	451,80 €
0,7 Einigungsgebühr §§ 2, 13 RVG iVm Nr. 1000 Ziffer 2 RVG	351,40 €
Pauschale für Entgelte für Post- und Telekommunikationsdienstleistungen, Nr. 7002 VVRVG	20,00 €

Hier schlägt das neue Gesetz doppelt zu: Einerseits ist der Gegenstandswert gem. § 31b RVG nur mit 50 % der geltend zu machenden Forderung anzusetzen, andererseits sind die Gebührensätze von Geschäfts- und Einigungsgebühr vermindert.

III. Die Vergütung im Rahmen des gerichtlichen Mahnverfahrens

Die Vergütung der beteiligten Rechtsanwälte richtet sich nach der Stellung des Mandanten im Verfahren und dem Verfahrensstand. Da das Mahnverfahren in der täglichen Praxis nur dann sinnvoll ist, wenn mit Einspruch nicht zu rechnen ist, wird es sich in der Mehrzahl der Fälle um eine Inkassoforderung handeln.

Fraglich, ob es nun zu einer **Ermäßigung der Geschäftsgebühr** auf 0,9 kommt. Dies ist zu bejahen, wenn der Forderungseinzug im konkreten Einzelfall eine Rechtsprüfung nicht erfordert. Ein Antrag auf Erlass eines Mahnbescheides – und das Ergebnis des Verfahrens ist ja ein vollstreckbarer Titel – kann nicht gestellt werden, ohne die Forderung auf „Herz und Nieren" zu prüfen. Dennoch ist eine Ermäßigung (wohl) zu bejahen, denn in Mandaten, in denen ein Mahnbescheidsantrag zur Titulierung gestellt wird, ist die Rechtsprüfung nicht nötig im Sinne des § 2 RDG. Dann ist auf die 1,0 Verfahrensgebühr des Mahnverfahrens Nr. 3305 die 0,9 Geschäftsgebühr lediglich mit 0,45 anzurechnen. Man darf gespannt sein, wie sich die Rechtsprechung zur Frage, in welchen Fällen eine rechtliche Prüfung nötig ist, positioniert.

In Frage kommen die **Verfahrensgebühren** Nrn. 3305 – 3308 VVRVG. Die **Terminsgebühr** bestimmt sich gem. Vorbem. 3.3.1 nach Abschnitt 1 des Vergütungsverzeichnisses, kann also z.B. in voller Höhe (1,2) angesetzt werden, wenn z.B. mit dem Schuldner nach Zustellung des Mahnbescheides telefonisch eine Teilzahlungsvereinbarung abschlossen wird. Daneben kommt die Einigungsgebühr in Betracht.

Grundsätzlich gelten das Mahnverfahren und ein sich nach Widerspruch oder Einspruch anschließendes streitiges Verfahren als verschiedene Angelegenheiten; § 17 Ziff. 2 RVG. Unabhängig hiervon sind jedoch Anrechenvorschriften, die sich direkt aus dem VV ergeben, zu berücksichtigen und die für den Antragsteller- oder Antragsgegnervertreter angefallenen Verfahrensgebühren in voller Höhe auf die Verfahrensgebühren des streitigen Verfahrens anzurechnen.

III. Die Vergütung im Rahmen des gerichtlichen Mahnverfahrens

1. Vertretung im Verfahren über den Mahnbescheidsantrag

Die **Verfahrensgebühr Nr. 3305 VVRVG** fällt an für die Vertretung des Antragstellers im Mahnverfahren und beträgt 1,0. Massgeblich ist der Auftrag des Mandanten, im Mahnverfahren tätig zu werden. Ausgenommen sind lediglich die Tätigkeiten, die im Zusammenhang mit dem Vollstreckungsbescheid stehen.

Die Gebühr des 3305 ist eine Verfahrensgebühr im klassischen Sinn, d. h. es ist nicht maßgeblich, dass der Rechtsanwalt selbst den Mahnbescheidsantrag stellt, sondern „irgendwann" in dem oben aufgezeigten Verfahrensabschnitt tätig wird. Stellt z. B. der Mandant zunächst den Antrag auf Erlass des Mahnbescheides selbst, kommt dann jedoch mit einer Monierung nicht zurecht und beauftragt nun einen Anwalt mit der Fortführung des Verfahrens, ist die Gebühr Nr. 3305 VV ebenfalls verdient.

Wird das Verfahren durch **Rücknahme** oder **Zurückweisung des Antrags** beendet, bleibt die Gebühr in voller Höhe bestehen.

Wird die **Frist des § 701 ZPO** nicht gewahrt und muss erneut ein Mahnbescheid beantragt werden, handelt es sich um eine neue Angelegenheit.[13] Erstattungsfähig sind allerding lediglich die Gebühren eines „Durchgangs".

Endet der Auftrag, bevor der Anwalt für seinen Mandanten den Mahnbescheidsantrag oder einen Schriftsatz, der Sachanträge, Sachvortrag oder die Rücknahme des Antrags erhält, bei Gericht eingereicht hat, reduziert sich die Verfahrensgebühr gemäß Nr. 3306 VV auf 0,5. Ist der Mahnbescheidsantrag zwar komplett vorbereitet, wird jedoch nicht mehr bei Gericht eingereicht, weil die Zahlung der Gegenseite eingeht, kann die Verfahrensgebühr lediglich mit 0,5 abgerechnet werden. Das gleiche gilt auch, wenn der Anwalt beauftragt wird, den vom Mandanten eingereichten Mahnbescheidsantrag zurückzunehmen.

Die Gebühren Nr. 3305 und Nr. 3306 können auch nebeneinander anfallen: War der Auftrag, im gerichtlichen Mahnverfahren tätig zu werden, bereits erteilt und wird dann noch eine Teilzahlung geleistet, zerfällt die Verfahrensgebühr in zwei einzelne Gebühren. Anschließend muss jedoch ein Abgleich nach § 15 Abs. 3 RVG erfolgen.

Der **Gegenstandswert** wird grundsätzlich durch den bezifferten Antrag bestimmt; §§ 23 RVG iVm 3, 39 GKG. Nebenforderungen wie Zinsen oder vorgerichtlich angefallene Anwaltsgebühren bleiben unberücksichtigt. Wie bei allen Pauschalgebühren ist eine nachträgliche Veränderung des Gegen-

---

13 Gerold/Schmidt/*Müller-Rabe*, VV 3305, Rdnr. 39

standswertes nach unten – ggf. durch (weitere) Teilzahlungen – nicht zu berücksichtigen.

Praxistipp
Vertretung des Antragstellers
Sobald der Auftrag erteilt ist, muss der MB-Antrag schnellstens gestellt werden. Jede Zahlung lässt die Verfahrensgebühr schmelzen.

2. Verfahrensgebühr für die Vertretung des Antragsgegners

Für die Vertretung des Antragsgegners im Mahnverfahren ist die Verfahrensgebühr des Nr. 3307 VVRVG i. H. v. 0,5 vorgesehen. Auch diese Gebühr ist eine echte Pauschalgebühr. Sie wird nicht nur mit der Einlegung des Widerspruchs verdient, sondern gilt die gesamte Tätigkeit des Anwaltes für den Antragsgegner ab. Dieser Verfahrensabschnitt umfasst also die Information und Beratung über die Möglichkeiten als Antragsgegner im Mahnverfahren über ein eventuelles Abraten von der Einlegung eines Widerspruchs bis hin zu dessen Einlegung.

Die Gebühr ist mit der Beauftragung, in vorgenanntem Rahmen tätig zu werden; verdient: Ob tatsächlich der Widerspruch durch den Anwalt eingelegt wird oder nicht, ist unerheblich. Legt der Mandant zunächst selbst den Widerspruch ein und wünscht anschließend doch die Vertretung durch den Anwalt, ist die Gebühr 3307 dennoch verdient.

Bezüglich des **Gegenstandswertes** ist es wichtig, auch den konkreten **Umfang des Auftrags** festzuhalten: Wird zunächst der Auftrag erteilt, den Mahnbescheid in vollem Umfang zu überprüfen, im Ergebnis dann nur ein Teilwiderspruch eingelegt, kann die Gebühr Nr. 3307 dennoch aus dem vollen Wert des Mahnbescheids berechnet werden. Wird der Auftrag von Anfang an auf einen bestimmten Betrag beschränkt, ist auch dies in der Abrechnung zu berücksichtigen. Unproblematisch der Auftrag, in vollem Umfang Widerspruch einzulegen: Maßgeblich ist der volle Betrag des Mahnbescheides.

Praxistipp
Vertretung des Antragsgegners
Wie immer. Konkrete Erfassung des Umfangs des erteilten Auftrags: Soll der Mahnbescheid als solches geprüft, in vollem Umfang oder gegen einen Teil der Forderung Widerspruch eingelegt werden?

Wird der **Widerspruch zurückgenommen**, ist zu unterscheiden: War das Verfahren noch nicht an das Streitgericht abgegeben, ist diese Tätigkeit mit der Gebühr Nr. 3307 VV abgedeckt. Nach bereits erfolgter Abgabe ist die Rücknahme als Sachantrag zu werten, und die Verfahrensgebühr 3100 ist mit 1,3 angefallen.

Der **Einspruch gegen** den **Vollstreckungsbescheid,** ist keine Tätigkeit dieses Unterabschnitts; er löst bereits die volle Verfahrensgebühr Nr. 3100 VVRVG aus. Gleiches gilt für den Antrag, das Verfahren an das Streitgericht abzugeben oder das streitige Verfahren durchzuführen.

3. Vorangegangene Tätigkeit – Beratung

Lässt sich der Mandant vor der Auftragserteilung zur Durchführung des Mahnverfahrens beraten, muss gemäß § 34 Abs. 2 RVG eine Anrechnung der hierfür abgerechneten Gebühren – sei es nun gesetzliches oder vereinbartes Honorar – auf alle Gebühren für Tätigkeiten, die mit der Beratung in Zusammenhang stehen, erfolgen. Dies kann nur durch den Abschluss einer entsprechenden Vergütungsvereinbarung, in der die Anrechnung ausgeschlossen wird, vermieden werden.

Ansonsten muss, soweit die Tätigkeiten deckungsgleich sind, angerechnet werden. Erfolgt z. B. zunächst eine Beratung wegen einer Forderung über 10.000,00 € und beauftragt der Mandant den Anwalt anschließend mit der außergerichtlichen Geltendmachung der Forderung nur noch wegen eines Erfolg versprechenden Teilbetrages von 7.000,00 €, so ist nur aus einem Teilbetrag von 7.000,00 € anzurechnen.

4. Vorangegangene Tätigkeit – Anrechnung der Geschäftsgebühr

Mündet die außergerichtliche Tätigkeit in das Mahnverfahren so muss eine evtl. angefallene Geschäftsgebühr Nr. 2300 auf die Verfahrensgebühren des Mahnverfahrens angerechnet werden; Vorbem. 3, Abs. 4 RVG. Die Geschäftsgebühr wird zur Hälfte, maximal jedoch mit einem Gebührensatz von 0,75 auf die Verfahrensgebühr des gerichtlichen Verfahrens, hier zunächst die des gerichtlichen Mahnverfahrens, angerechnet.

Ist eine wegen desselben Gegenstands entstandene Geschäftsgebühr gem. der Vorbem. 3 Abs. 4 zu Nr. 3100 VVRVG anteilig auf die Verfahrensgebühr des gerichtlichen Verfahrens anzurechnen, so vermindert sich im Ergebnis nicht die bereits entstandene Geschäftsgebühr, sondern die in dem anschließenden gerichtlichen Verfahren anfallende Verfahrensgebühr.[14] Diese Geschäftsgebühr zzgl. Auslagen und ggf. auch Umsatzsteuer kann/muss in den Mahnbescheid als Verzugsschaden nach § 268 BGB aufgenommen werden.

Seit dem 01.10.2021, dem Zeitpunkt des Inkrafttretens des Gesetzes zum verbraucherfreundlichen Inkasso, wird die Geschäftsgebühr für die dem gerichtlichen Mahnverfahren vorausgehende Tätigkeit in der Regel nurmehr mit 0,9 angesetzt werden können. Die Anrechnung muss dann mit 0,45 erfolgen.

Bezüglich der Höhe der Geschäftsgebühr hat der Rechtspfleger nur eine begrenzte Prüfungsbefugnis[15]. Eine Überprüfung durch das Mahngericht muss sich darauf beschränken, ob das billige Ermessen bei einer Gebührenforderung erkennbar überschritten ist.

5. Übergang ins streitige Verfahren: Anrechnung von Geschäfts- und Verfahrensgebühr

Mahnverfahren und **nachfolgendes streitiges Verfahren** gelten als zwei Angelegenheiten; entsprechend den Anmerkungen zu Nr. 3305 und 3307 müssen jedoch nicht nur zunächst die Geschäftsgebühr auf die Verfahrensgebühr des Mahnverfahrens, sondern auch diese auf die Verfahrensgebühr aus einem nachfolgenden Rechtsstreit in voller Höhe angerechnet werden. Der „nachfolgende Rechtsstreit" ist derjenige, der sich nach Einlegung des Widerspruchs gegen den Mahnbescheid oder nach Erhebung des Einspruchs gegen den Vollstreckungsbescheid anschließt. Ist der Mahnbescheid unzustellbar oder wird der Mahnbescheidsantrag zurückgewiesen oder zurückgenommen, fällt darunter aber auch das dann durchzuführende Klageverfahren. Es ist immer nur das Verfahren der ersten Instanz.[16]

Die Gebühr des Antragsgegnervertreters für die Tätigkeit im Rahmen des Vollstreckungsbescheides ist nicht anzurechnen.

Ist die anwaltliche Geschäftsgebühr gemäß VVRVG Nr. 2300 tituliert und dem Erkenntnisverfahren ein Mahnverfahren mit gleichen Gegenstandswerten vorausgegangen, ist bei der Kostenfestsetzung die gemäß VVRVG Nr. 3305 entstandene Verfahrensgebühr für die Tätigkeit im Mahnverfahren

---

14 BGH, Beschl. v. 07.03.2007, VIII ZR 86/06.
15 Prütting/Gehrlein/*K.Schmidt*, ZPO, § 104 Rn. 15; Zöller/*Herget*, ZPO, § 104 Rn. 21; AG Hagen, Beschl. v. 06.10.2011, 11–2225334-01-N, BeckRS 2012, 14159.
16 H.M., Gerold/Schmidt/*Müller-Rabe*, VV 3305–3308, Rdnr. 62; Mayer/Kroiß/*Gierl*, 3305.

auf die gemäß VVRVG Nr. 3100 entstandene Verfahrensgebühr in vollem Umfang anzurechnen.[17]

Die Verpflichtung zur Anrechnung der Verfahrensgebühren von Mahn- auf Streitverfahren besteht wiederum nur in Höhe des Gegenstandswerts, der vom Mahnverfahren in das streitige Verfahren übergeleitet wird oder mit anderen Worten: Anrechnung bezüglich des Betrages in dem die beiden Tätigkeitsbereiche der beiden Gebühren deckungsgleich sind.

> **Beispiel**
> Legt der Antragsgegner gegen einen Mahnbescheid über 10.000,00 € lediglich einen Teilwiderspruch über 3.000,00 € ein, muss die Verfahrensgebühr Nr. 3305 VVRVG lediglich aus 3.000,00 € auf die Verfahrensgebühr Nr. 3100 VVRVG angerechnet werden. Oder: Erhöht sich der Wert des streitigen Verfahrens z. B. wegen einer Widerklage in Höhe 5.000,00 € von 10.000,00 € (aus dem Mahnverfahren) auf insgesamt 15.000,00 €, erfolgt eine Anrechnung der Verfahrensgebühr des Mahnverfahrens auf die Verfahrensgebühr des streitigen Verfahrens lediglich aus 10.000,00 €.

Für beide Verfahrensabschnitte – Mahnverfahren und streitiges Verfahren – kann jeweils eine eigene Auslagenpauschale abgerechnet werden. Diese sind auch gesondert erstattungsfähig.[18]

War der **Anwalt für den Antragsgegner bereits vorgerichtlich tätig**, so ist auch hier die Geschäftsgebühr auf die Verfahrensgebühr anzurechnen. In der Praxis ist jedoch hier die Höhe der im Mahnverfahren anfallenden Verfahrensgebühr problematisch, da diese mit einem Gebührensatz von 0,5 niedriger als der anzurechnende Teil der vorangegangene Geschäftsgebühr ist. Die Anrechnung der Geschäftsgebühr muss dann gestaffelt erfolgen: Zunächst wird die Geschäftsgebühr auf die Verfahrensgebühr des Vertreters des Antragsgegners angerechnet. Soweit der Gebührensatz der Verfahrensgebühr im Mahnverfahren niedriger ist als die hälftig anzurechnende Geschäftsgebühr, ist der nicht verbrauchte Teil der Geschäftsgebühr anschließend im streitigen Verfahren anzurechnen.[19]

Beauftragt ein Mandant einen Anwalt mit der Durchführung eines Mahnverfahrens und mandatiert er für den späteren Rechtsstreit einen anderen Anwalt, kommt es nicht zu einer Gebührenanrechnung nach Anm. 3307

---

17 BGH, Beschl. v. 28.10.2010, VII ZB 116/09.
18 BGH, Beschl. v. 28.10.2004, III ZB 41/04.
19 OLG Köln, Beschl. v. 27.04.2009 – 17 W 249/08

VVRVG. Die Mehrkosten eines solchen „Anwaltswechsels" sind auch erstattungsfähig.[20]

Die **Anrechnung kann unterbleiben**, wenn das Verfahren nach Erhebung des Widerspruchs oder Einspruchs mehr als zwei Kalenderjahre ruht; § 15 Abs. 5 RVG. Vorsicht: Verjährungstechnisch ggf. gefährlich!

Der Übergang von der 1,0 Verfahrensgebühr Nr. 3305 VVRVG aus dem Mahnverfahren zur Verfahrensgebühr 1,3 Nr. 3100 VVRVG aus dem streitigen Verfahren wird mit der Erteilung des vollen Prozessauftrages erreicht. Dies erfolgt in der Praxis meist bereits mit dem Auftrag zur Durchführung des gerichtlichen Mahnverfahrens, ist aber nicht immer der Fall. Oft soll konkret die Reaktion der Gegenseite auf den Mahnbescheid abgewartet werden. Der Anfall der 1,3 Gebühr hängt also von einem weiterführenden Auftrag ab.

Wird bereits im Mahnbescheidsantrag der durch die Einlegung des Widerspruchs bedingte **Antrag auf Durchführung des streitigen Verfahrens** gestellt oder im Widerspruch die **Abweisung der Klage beantragt**, entsteht mit Bedingungseintritt die Verfahrensgebühr Nr. 3100 VVRVG. Die konkludente Stellung dieses Antrags durch Einzahlung der Gerichtskosten lässt ebenfalls die Gebühr Nr. 3100 VVRVG in voller Höhe anfallen. Auch die Rücknahme des Widerspruchs vor Eingang der Anspruchsbegründung führt nicht zu einer Reduzierung der Gebühr auf 0,8 gemäß Nr. 3101 VVRVG.[21]

Diskutiert wird der Gebührenanspruch des Antragsgegnervertreters, wenn mit Einlegung des Widerspruchs zwar bereits der Klageabweisungsantrag gestellt wird, das streitige Verfahren aber mangels Antrag des Antragstellers nicht durchgeführt wird. Die verschiedenen Meinungen gehen von der 1,3 Gebühr der Nr. 3100 VVRVG (Antrag auf Klageabweisung setzt unbedingten Prozessauftrag voraus) bis zu 0,8 der Nr. 3101 VVRVG (abzustellen ist auf den konkreten Auftrag, lag dieser nur bedingt vor und wird kein streitiges Verfahren durchgeführt, verbleibt es bei 0,8; der verfrühte Antrag auf Klageabweisung ist kein Sachantrag[22])[23]. Daneben wird die Erstattung von über die Kosten und Gebühren des Mahnverfahrens hinausgehenden Beträgen auch gänzlich verneint,[24] wenn vor Abgabe an das Streitgericht der Mahnbescheidsantrag zurückgenommen wird.

---

20 OLG München, Beschl. v. 15.03.2016, 11 W 414/16 = BeckRS 2016, 06231.
21 LG München I, Beschl. v. 08.07.2005, 13 T 7995/05.
22 OLG Köln, Beschl. v. 10.01.1994, 17 W 430/93, JurBüro 2005, 81.
23 Gerold/Schmidt/*Müller-Rabe* VV 3305–3308 Rdnr. 44, 45.
24 LG Hannover, Beschl. v. 19.10.1990, 3 T 107/90; LG Hannover, Beschl. v. 21.09.1990, 3 T 116/90; AG Hannover, Beschl. v. 22.10.1991, 419 B 9179/88.

III. Die Vergütung im Rahmen des gerichtlichen Mahnverfahrens

Unabhängig davon ist die Frage der Erstattungsfähigkeit zu behandeln. Die ggf. erstattungspflichtige Gegenseite wird immer die Verpflichtung zur Schadensminderung einwenden und es liegt m.E. kein Grund vor, bereits mit dem Widerspruch die Abweisung der Klage zu beantragen. Für die Berufungsinstanz ist dies bereits ausdiskutiert: Volle Erstattung der 1,6 Verfahrensgebühr Nr. 3200 VVRVG nur, wenn die Berufungsbegründung bereits vorliegt.

Die Verfahrensgebühr ist auch dann verdient, wenn der Rechtsanwalt in Unkenntnis bereits erfolgter Rücknahme des Einspruchs gegen einen Vollstreckungsbescheid noch eine Anspruchsbegründung einreicht.[25]

Praxistipp
Anrechnung
Angerechnet werden muss immer nur aus dem Wert, der tatsächlich bei beiden Gebühren identisch ist. Also der Wert, der sowohl bei der Berechnung der Geschäftsgebühr als auch bei der Berechnung der Verfahrensgebühr zu Grunde gelegt wird.

6. Fragen der Erstattungsfähigkeit

Diskussionswürdig ist jedoch nicht nur die Frage des Gebührenanfalls, sondern auch die Frage der Erstattungsfähigkeit der Gebühren des Mahnverfahrens, wenn zwischen Mahnverfahren und streitigem Verfahren ein **Anwaltswechsel** stattfindet oder bei dem im Mahnverfahren beauftragten Anwalt später Reisekosten zum Streitgericht anfallen. Gemäß § 91 ZPO muss die unterliegende Partei die notwendigen Kosten eines Anwaltes erstatten, soweit diese zur zweckentsprechenden Rechtsverfolgung nötig waren. Dies gilt auch für das Mahnverfahren.[26]

Grundsätzlich besteht für den Antragsteller die Pflicht, das Verfahren **so kostengünstig als möglich** zu führen. Er muss aber nach h.M. auch beim Mahnverfahren nicht auf die Einschaltung eines Anwaltes verzichten. Dies soll auch für Banken und andere Unternehmen mit eigener Rechtsabteilung gelten.[27] Gerät der Schuldner in Zahlungsverzug, ist auch in rechtlich einfach gelagerten Fällen die Beauftragung eines Rechtsanwalts zweckmäßig

---

25 OLG Saarbrücken, Beschl. v. 16.010.2014, 9 W 18/14.
26 *Thomas/Putzo*, § 91 Rdnr. 20.
27 Gerold/Schmidt/*Müller-Rabe*, VV 3305–3308 Rdnr. 87.

und erforderlich; ein Mandat zur außergerichtlichen Vertretung muss im Regelfall nicht auf ein Schreiben einfacher Art beschränkt werden.[28]

Selbst wenn mit Widerspruch zu rechnen ist, darf der Antragsteller das Mahnverfahren als schnelle und kostengünstige Maßnahme, die Forderung zu titulieren, für sich in Anspruch nehmen. Die Erfahrung zeigt, dass auch wenn der Antragsgegner zunächst Einwendungen erhebt, er diese nicht zwingend im gerichtlichen Mahnverfahren weiter aufrechterhält.[29]

Immer erstattungsfähig sind die Kosten und Gebühren mehrerer Anwälte, wenn die eines Anwaltes nicht überschritten werden oder ein Fall des zwingenden Anwaltswechsels, wie etwa bei Tod des ersten Kollegen, vorliegt.

Ist der Schuldner in Verzug, kann der Gläubiger Ersatz der ihm durch die Rechtsverfolgung entstandenen Kosten verlangen. Inkassokosten sind regelmäßig in der Höhe zu ersetzen, die ein mit der Beitreibung der Forderung beauftragter Rechtsanwalt nach dem RVG hätte berechnen können. Ferner sind Mahnkosten (hier 5 € für zwei Mahnungen), Kosten für die Einholung einer Gewerberegisterauskunft und einer Wirtschaftsauskunft zu ersetzen.[30]

Wurde das **Mahnverfahren** nicht durch einen Anwalt, sondern durch einen **Rechtsbeistand oder Inkassounternehmen** durchgeführt so gilt: Der Antragsteller kann ohne Verstoß gegen die Schadenminderungspflicht ein Inkassounternehmen mit dem Forderungseinzug beauftragen, wenn die damit verbundenen Kosten diejenigen einer anwaltlichen Tätigkeit nach dem RVG nicht übersteigen[31], § 13b RDG in der Fassung vom 01.10.2021. Der Anspruch auf Ersatz der Inkassokosten folgt aus §§ 280 Abs. 1, Abs. 2, 286 BGB.

Für den Kläger war zum Zeitpunkt der Beauftragung und der Zahlungsaufforderung durch das Inkassobüro nicht erkennbar, aus welchen Gründen die Beklagte die Forderung nicht begleicht. Die Inkassokosten werden auch nur bis zur Höhe vorgerichtlicher Anwaltskosten geltend gemacht, so dass dem Kläger auch kein etwaiges Mitverschulden angelastet werden kann.[32] Die durch die Einschaltung eines Inkassounternehmens entstandenen Kosten stellen grundsätzlich einen **erstattungsfähigen Verzugsschaden** dar. Dies gilt jedenfalls, soweit ein wirtschaftlich denkender Mensch diese Maß-

---

28 BGH, Beschl. v. 17.09.2015, IX ZR 280/14.
29 So auch: Gerold/Schmidt/*Müller-Rabe*, VV 3305–3308 Rdnr. 86, Mayer/Kroiß/*Gierl*, 3305–3008, Rdnr. 5.
30 AG Rockenhausen, Urt. v. 05.09.2014, 2 C233/14, JurBüro 2014, 644
31 AG Ahrensburg, Urt. v. 14.04.2015, 49a C 1546/14, JurBüro 2015, 625
32 LG Kiel, Urt. v. 19.09.2014, 3 O 169/12, JurBüro 2015, 626; bestätigt durch OLG Schleswig, Urt. v. 26.05.2015, 11 U 136/14

nahme für zweckmäßig und notwendig halten durfte. Dementsprechend besteht eine Ersatzpflicht hinsichtlich der Inkassokosten grundsätzlich nur dann nicht, wenn der Schuldner erkennbar zahlungsunwillig oder -unfähig ist, da insoweit dann vorhersehbar sei, dass später ohnehin ein Anwalt mit der Klageerhebung beauftragt werden muss. Der Gläubiger ist auch aus Schadensminderungsgesichtspunkten nicht gehalten, einen Mahnantrag zu stellen, anstatt ein Inkassounternehmen einzuschalten.[33]

Eventuell anfallende Mehrkosten neben den Kosten des im streitigen Verfahren beauftragten Rechtsanwalts sind unabhängig davon grundsätzlich nicht erstattungsfähig, ob bei Einleitung des Mahnverfahrens mit der Erhebung eines Widerspruchs zu rechnen war oder nicht.[34]

Beauftragt der Gläubiger einer Forderung mit deren Einziehung sowohl einen Inkassodienstleister als auch einen Rechtsanwalt, so kann er die ihm dadurch entstehenden Kosten nur bis zu der Höhe als Schaden ersetzt verlangen, wie sie entstanden wären, wenn er nur einen Rechtsanwalt beauftragt hätte. Dies gilt für alle außergerichtlichen und gerichtlichen Aufträge. Diese Vorgaben gelten nicht, wenn der Schuldner die Forderung erst nach der Beauftragung eines Inkassodienstleisters bestritten hat und das Bestreiten Anlass für die Beauftragung eines Rechtsanwalts gegeben hat. Dies regelt § 13c RDG in der Fassung vom 01.10.2021.

Die **Erstattungsfähigkeit vorgerichtlicher Kosten** wird ebenfalls diskutiert. Aktuell werden bis zu 5 € pro Mahnschreiben ohne weiteres akzeptiert.[35] Weitergehende Kosten, die im Zusammenhang mit der Erstellung der Mahnung angefallen sein könnten, insbesondere anteilige Personalkosten und Kosten für das Vorhalten entsprechender EDV und Ähnliches können hierbei nach h. M. nicht berücksichtigt werden.[36]

7. Vertretung im Verfahren über den Vollstreckungsbescheidsantrag

Für die Tätigkeit des Anwalts im Verfahren über den Antrag auf Erlass eines Vollstreckungsbescheids kann eine Gebühr in Höhe von 0,5 abgerechnet werden. Die Gebühr ist angefallen,

a) wenn innerhalb der Widerspruchsfrist kein Widerspruch erhoben oder aber der Widerspruch gemäß § 703a Abs. 2 Ziffer 4 ZPO auf die Rechte aus dem Nachverfahren beschränkt wurde

---

33 LG Duisburg, Urt.v. 14.11.2014, 7 S 45/14, JurBüro 2015, 397
34 BGH, Beschl. v. 20.10.2005, VII ZB 53/05
35 AG Bad Segeberg, Urt. v. 25. 11. 2011, 17 C 160/11.
36 BGHZ 66, 112 = NJW 1976, 1256; BGHZ 73, 202 = NJW 1979, 763 [764].

und

b) Auftrag erteilt wurde, im Verfahren über den Vollstreckungsbescheid tätig zu werden.

Für den Anfall der Gebühr ist es jedoch unerheblich ob der Vollstreckungsbescheidsantrag im Ergebnis gestellt wird oder nicht, sobald der Auftrag vorliegt, im Verfahren über den Vollstreckungsbescheid tätig zu werden. In der Praxis wird der Mandant regelmäßig nicht zwischen den einzelnen Verfahrensabschnitten unterscheiden, sondern lediglich die Geltendmachung „im Mahnbescheidsverfahren" in Auftrag geben. Maßgeblich ist die Abgrenzung jedoch, wenn der Anwalt nicht von Anfang an involviert war.

War die **Widerspruchsfrist noch nicht abgelaufen** und der **Vollstreckungsbescheid** (evtl. sogar vordatiert) **bei Gericht eingereicht,** wird zum einen der Vollstreckungsbescheidsantrag zurückgewiesen, zum anderen ist die Gebühr des 3308 nicht angefallen. Ein Erlass des Vollstreckungsbescheides und der Anfall der Gebühr, ist auch dann nicht möglich, wenn der Antrag zwar vorzeitig, aber bedingt für den Fall des ungenutzten Ablaufes der Widerspruchsfrist gestellt wird.[37]

Der Gesetzestext stellt ausdrücklich darauf ab, ob der Widerspruch innerhalb der Widerspruchsfrist erhoben, also bei Gericht eingegangen war oder nicht. Ein rechtzeitig erhobener Widerspruch hindert also sowohl den Erlass des Vollstreckungsbescheides als auch den Gebührenanfall der Verfahrensgebühr Nr. 3308 VVRVG.

Wird der Widerspruch nach Ablauf der Widerspruchsfrist – die ja keine Ausschlussfrist im eigentlichen Sinn ist – gestellt, und **kreuzen sich Widerspruch und Vollstreckungsbescheidsantrag**, so muss unterschieden werden: Gelangte der Widerspruch vor dem Vollstreckungsbescheidsantrag zur Akte, und war der Widerspruch dem Antragstellervertreter nicht bekannt, so kann der Vollstreckungsbescheid zwar nicht mehr erlassen werden, die Gebühr ist jedoch verdient. Gelangt der Widerspruch nach Erlass, genauer nach Abverfügung des Vollstreckungsbescheides, zur Akte, ist die Gebühr 3308 ebenfalls verdient, der Widerspruch wird als Einspruch gewertet.

Die **Verfahrensgebühren 3305 und 3308** VVRVG für den Mahn- und Vollstreckungsbescheid fallen **nebeneinander** an.

Eine **Anrechnung** der **Verfahrensgebühr aus Nr. 3308** auf die der **Nr. 3100 VVRVG** findet nicht statt. Wird also das Verfahren nach Einspruch gegen den Vollstreckungsbescheid an das Streitgericht abgegeben, kann der Ver-

---

[37] *Zöller*, § 699, Rn. 3; *Thomas/Putzo*, § 699, Rdnr. 9.

treter des Antragstellers sowohl die Verfahrensgebühr des 3308 als auch die des 3100 abrechnen.

Der **Gegenstandswert** bemisst sich auch hier grundsätzlich nach der im Vollstreckungsbescheid zu titulierenden Forderung. Zahlungen des Antragstellers die gemäß § 699 ZPO im Vollstreckungsbescheid zu berücksichtigen sind, ermäßigen den Gegenstandswert. War der Auftrag, den Vollstreckungsbescheid zu beantragen, schon erteilt und erfolgt dann eine Zahlung, so ist die Gebühr Nr. 3308 VVRVG aus dem ursprünglich höheren Wert anzusetzen. Muss der Vollstreckungsbescheid nur noch über die Kosten beantragt werden, bilden diese den Gegenstandswert.

8. Gesamtgläubiger – Gesamtschuldner

Wird der Anwalt für **mehrere Auftraggeber** – also **Gesamtgläubiger** – tätig, erhöhen sich zunächst die Verfahrensgebühren Nr. 3305, 3306 und 3307 VVRVG gemäß § 7 RVG und Nr. 1008 VVRVG um konkret 0,3 für jeden weiteren Auftraggeber. Die maximale Erhöhung – unabhängig von der zu erhöhenden Ausgangsgebühr – bei mehreren Auftraggebern beträgt 2,0. Damit sind also bis zur Maximalgebühr genau acht Auftraggeber gebührentechnisch interessant.

Eine Erhöhung der Verfahrensgebühr Nr. 3308 ist nur möglich, wenn nicht schon die Gebühr 3305 erhöht wurde. Dies ist praktisch relevant, wenn der Mahnbescheid noch von den Mandanten selbst beantragt, die Bearbeitung des Vollstreckungsbescheides jedoch an den Anwalt übergeben wurde.

Bei Vertretung von mehreren Auftraggebern sowohl im Mahnverfahren als auch im anschließenden streitigen Verfahren können beide Verfahrensgebühren erhöht werden. Die Anrechnung erfolgt unter Berücksichtigung des Gesamt-Gebührensatzes.

Werden in einem Verfahren **mehrere Gegner gesamtschuldnerisch in Anspruch** genommen, so kann die Verfahrensgebühr Nr. 3305 VVRVG insgesamt nur einmal in Ansatz gebracht werden. Dies soll auch gelten, wenn die Mahnbescheidsanträge in kurzem zeitlichen Abstand getrennt gestellt werden.[38] Legen nicht alle Antragsgegner Widerspruch ein, sind die anschließend zu führenden Verfahren gebührentechnisch selbständig zu behandeln. Einerseits kann mit der Folge der Gebühr Nr. 3308 VVRVG Vollstreckungsbescheid beantragt, andererseits muss oder kann das streitige Verfahren durchgeführt werden. Problematisch ist dann die Frage der Anrechnung

---

38 Mayer/Kroiß/*Gierl*, VV 3305 Rdnr. 7; Gerold/Schmidt/*Müller-Rabe*, VV 3305, Rdnr. 34.

der Verfahrensgebühr aus dem Mahnverfahren auf die des streitigen Verfahrens. Diese muss m. E. nicht durchgeführt werden.

Werden in einem Mahnverfahren **gleichzeitig Zahlungsansprüche gegen mehrere Schuldner** geltend gemacht und nach **Abgabe** an das einheitlich zuständige Streitgericht dort getrennte Verfahren gegen die einzelnen Antragsgegner/Beklagten angelegt, ohne dass der Antragsteller/Kläger dies veranlasst hat, und werden die getrennten Verfahren vor der mündlichen Verhandlung miteinander verbunden, so liegt nach h. M. gebührenrechtlich nur eine einzige Angelegenheit vor. Anwaltsgebühren und auch Gerichtskosten dürfen nur einmal angesetzt werden[39].

9. Terminsgebühr im Mahnverfahren

Zum 01.01.05 wurde die Vorbemerkung 3.3.2 in das VV eingefügt: „Die Terminsgebühr bestimmt sich nach Abschnitt 1". Damit kann auch im Mahnverfahren eine Terminsgebühr nach Nr. 3104 VVRVG entstehen. Da im Mahnverfahren **weder Gerichts- noch Ortstermine** stattfinden, kommt also nur die Variante „Besprechung mit der Gegenseite, die die Vermeidung oder Erledigung des Verfahrens zum Ziel hatten" in Frage. Der Prozessauftrag für das streitige Verfahren muss (noch) nicht erteilt sein, ausreichend ist bereits die Erteilung des Auftrags, im Mahnverfahren tätig zu sein. Meldet sich der Antragsgegner/Antragsgegnervertreter nach Zustellung des Mahnbescheides telefonisch und schlägt eine Bezahlung der geltend gemachten Forderung in Raten vor, findet ein „Gespräch zur Erledigung des Verfahrens" statt, fällt die 1,2 Terminsgebühr an.

Denkbar wären auch **Gespräche noch vor Einreichung des Mahnbescheides** mit dem Ziel, das Mahnverfahren zu vermeiden oder nach Zustellung mit dem Ziel, Einwendungen der Gegenseite auszuräumen und/oder aber keinen Widerspruch einzulegen. Voraussetzung für den Anfall der Terminsgebühr ist also ein (ggf. auch Telefon-)Gespräch mit dem Antragsgegner, dem anwaltlichen Vertreter des Antragsgegners oder jemandem Dritten[40] mit dem Ziel, das Mahnverfahren zu vermeiden – der konkrete Auftrag muss also seitens des Antragstellers bereits erteilt sein – oder aber ein bereits anhängiges Mahnverfahren zu erledigen.

---

[39] OLG Frankfurt a. M., Beschl. v. 05.11.2008 – 12 W 97/08; OLG München, NJW-RR 1998, 1080; OLG Düsseldorf, BeckRS 1997, 04376; LG Berlin Rpfleger 1998, 40 = JurBüro 1998, 30, 581; OLG Zweibrücken, BeckRS 2007, 05673.

[40] Hauptsache, dieser „Dritte" hat die Befugnis oder Kompetenz, über eine Erledigung des Mahnverfahrens zu sprechen.

Die Terminsgebühr fällt auch an, wenn der Gegner **eine auf die Erledigung des Verfahrens gerichtete Erklärung** zwecks Prüfung und Weiterleitung an seine Partei entgegennimmt.[41] Wichtig sind das Ziel und auch die Bereitschaft der Gesprächspartner, das Verfahren zu vermeiden oder aber eine Erledigung herbeizuführen. Ob dieses Ziel erreicht wird, ist für die Terminsgebühr nicht ausschlaggebend. Blockt der Gegner das Gespräch ab, kann eine Terminsgebühr (auf beiden Seiten) nicht verdient werden.

Grundsätzlich ist die Terminsgebühr zunächst wie oben definiert zu behandeln. Eine im Mahnverfahren angefallene Terminsgebühr muss jedoch entsprechend Abs. 4 zur Anmerkung zu Nr. 3104 auf eine im streitigen Verfahren anfallende Terminsgebühr angerechnet werden.

Ist die Terminsgebühr noch vor Stellung des Mahnbescheidsantrages angefallen, kann und muss sie direkt als Verzugsschaden geltend gemacht werden.[42] Später angefallene **Terminsgebühren** – wenn also das Gespräch nach Zustellung des Mahnbescheides geführt wurde – **können im Vollstreckungsbescheid** tituliert werden. Aufgenommen werden in den Vollstreckungsbescheid „die Kosten des Verfahrens", § 699 Abs. 3 ZPO.[43]

Die Durchführung eines Kostenfestsetzungsverfahrens ist nach wohl h.M. abzulehnen für Kosten, die bereits in den Mahn- oder Vollstreckungsbescheid hätten aufgenommen werden können.[44]

Das oben Ausgeführte gilt auch für eine nach Zustellung des Mahnbescheides entstandene **Einigungsgebühr**. Auch diese ist auf Antrag in den Vollstreckungsbescheid mit aufzunehmen[45].

 Praxistipp
Terminsgebühr

Der positive Aspekt der Terminsgebühr im Mahnverfahren kann „etwas herauskitzelt" werden, wenn in die Zahlungsaufforderungsschreiben an den Schuldner folgende Formulierung aufgenommen wird: „Für Ratenzahlungsvorschläge rufen Sie uns gerne an".

---

41 BGH, Beschl. v. 20.11.2006, II ZB 09/06.
42 *Enders*, JurBüro, 2005, 225 ff.
43 Zwischenzeitlich h.M.: Gerold/Schmidt/*Müller-Rabe*, VV 3305–3308, Rdnr. 111; LG Bonn, BeckRS 2008, 00756; BeckRS 2007, 65475; Enders, JurBüro, 2005, 229, Mayer/Kroiß/*Gierl*, VV 3305–3308 Rdnr. 3; wenn auch mit anderer Begründung.
44 *Mayer/Kroiß/Gierl*, Nr. 3308 Rdnr. 18; OLG Nürnberg Beschl. v. 13.10.2005, 13 W 1484/05.
45 BGH, Beschl. v. 17.09.2008, IV ZB 17/08.

III. Die Vergütung im Rahmen des gerichtlichen Mahnverfahrens

Beispiel: Außergerichtliche Tätigkeit – Mahnverfahren

Rechtsanwalt R wird von seinem Mandanten M beauftragt, außergerichtlich eine Forderung von € 10.000,00 geltend zu machen, da der Gegner auf die Mahnung des M nicht reagiert hatte. Da auch die von Rechtsanwalt R gesetzte Zahlungsfrist ohne Ergebnis abläuft, beauftragt Mandant M nun Rechtsanwalt R, die Forderung im gerichtlichen Mahnverfahren geltend zu machen. Nach Ablauf der Widerspruchsfrist wird antragsgemäß der Vollstreckungsbescheid beantragt und erlassen.

R kann wie folgt abrechnen:

Für die außergerichtliche Tätigkeit:

Gegenstandswert: € 10.000,00	
0,9 Geschäftsgebühr, §§ 2, 13 RVG, Nr. 2300 VVRVG	552,60 €
Post- und Telekommunikationspauschale Nr. 7002 VVRVG	20,00 €
Zwischensumme	572,60 €
19 % Umsatzsteuer Nr. 7008 VVRVG	108,79 €
SUMME	681,39 €

Im Mahnverfahren:

Gegenstandswert: € 10.000,00		
1,0 Verfahrensgebühr, §§ 2, 13 RVG, Nr. 3305 VVRVG	614,00 €	
angerechnet werden muss 0,45 aus € 10.000,00		./. 276,30 €
verbleiben noch		337,70 €
0,5 Verfahrensgebühr, §§ 2, 13 RVG, Nr. 3308 VVRVG		307,00 €
Post- und Telekommunikationspauschale Nr. 7002 VVRVG		20,00 €
Zwischensumme		664,70 €
19 % Umsatzsteuer Nr. 7008 VVRVG		126,29 €
SUMME		790,99 €

Insgesamt:

Außergerichtliche Tätigkeit	681,39 €
Mahnverfahren	790,99 €
GESAMTSUMME	**1.472,38 €**

Abwandlung (1):

Zunächst wie im vorangegangenen Beispiel, jedoch leistet der Antragsgegner außergerichtlich eine Teilzahlung von € 2.000,00. Mahn- und Vollstreckungsbescheid werden auftragsgemäß über € 8.000,00 beantragt und erlassen.

III. Die Vergütung im Rahmen des gerichtlichen Mahnverfahrens

R kann wie folgt abrechnen:
Für die außergerichtliche Tätigkeit:
Gegenstandswert: € 10.000,00

0,9 Geschäftsgebühr, §§ 2, 13 RVG, Nr. 2300 VVRVG	552,60 €
Post- und Telekommunikationspauschale Nr. 7002 VVRVG	20,00 €
Zwischensumme	72,60 €
19 % Umsatzsteuer Nr. 7008 VVRVG	108,79 €
SUMME	681,39 €

Im Mahnverfahren:
Gegenstandswert: € 8.000,00

1,0 Verfahrensgebühr, §§ 2, 13 RVG, Nr. 3305 VVRVG	502,00 €	
angerechnet werden muss 0,45 aus € 8.000,00	./. 225,90 €	
verbleiben noch		276,10 €
0,5 Verfahrensgebühr, §§ 2, 13 RVG, Nr. 3308 VVRVG		251,00 €
Post- und Telekommunikationspauschale Nr. 7002 VVRVG		20,00 €
Zwischensumme		547,10 €
19 % Umsatzsteuer Nr. 7008 VVRVG		103,95 €
SUMME		651,05 €

Insgesamt:

Außergerichtliche Tätigkeit	681,39 €
Mahnverfahren	651,05 €
GESAMTSUMME	**1.332,44 €**

Abwandlung (2):
Zunächst wie in der vorangegangenen Abwandlung. Nach Erteilung des Auftrags, das Mahnverfahren durchzuführen, wird noch vor Eingang des Mahnbescheidsantrags der Gesamtbetrag von der Gegenseite bezahlt.
R kann wie folgt abrechnen:
Für die außergerichtliche Tätigkeit:
Gegenstandswert: € 10.000,00

0,9 Geschäftsgebühr, §§ 2, 13 RVG, Nr. 2300 VVRVG	552,60 €
Post- und Telekommunikationspauschale Nr. 7002 VVRVG	20,00 €
Zwischensumme	572,60 €

III. Die Vergütung im Rahmen des gerichtlichen Mahnverfahrens

19 % Umsatzsteuer Nr. 7008 VVRVG	108,79 €
SUMME	681,39 €

Im Mahnverfahren:

Gegenstandswert: € 10.000,00

0,5 Verfahrensgebühr, §§ 2, 13 RVG, Nr. 3306 VVRVG	307,00 €	
angerechnet werden muss 0,45 aus € 10.000,00	./. 276,30 €	
verbleiben noch		30,70 €
Post- und Telekommunikationspauschale Nr. 7002 VVRVG		20,00 €
Zwischensumme		50,70 €
19 % Umsatzsteuer Nr. 7008 VVRVG		9,63 €
SUMME		60,33 €

Insgesamt:

Außergerichtliche Tätigkeit	681,39 €
Mahnverfahren	60,33 €
GESAMTSUMME	**741,72 €**

Beispiel: Mahnverfahrensantrag zunächst durch den Mandanten selbst – Unterstützung durch den Anwalt – Vollstreckungsbescheid

M versucht selbst den Erlass eines Mahnbescheids wegen eines Betrages von € 10.000,00. Nach Erhalt einer umfangreichen Monierung zum Mahnbescheid erteilt er nun Rechtsanwalt R das Mandat, doch alles Erforderliche zum Erlass des Mahnbescheids zu unternehmen. R fertigt fristgerecht auch den Antrag auf Erlass des Vollstreckungsbescheids.

Rechtsanwalt R kann wie folgt abrechnen:

Im Mahnverfahren:

Gegenstandswert: € 10.000,00

1,0 Verfahrensgebühr, §§ 2, 13 RVG, Nr. 3305 VVRVG	614,00 €
0,5 Verfahrensgebühr, §§ 2, 13 RVG, Nr. 3308 VVRVG	307,00 €
Post- und Telekommunikationspauschale Nr. 7002 VVRVG	20,00 €
Zwischensumme	941,00 €
19 % Umsatzsteuer Nr. 7008 VVRVG	178,79 €
SUMME	1.119,79 €
GESAMTSUMME	**1.119,79 €**

III. Die Vergütung im Rahmen des gerichtlichen Mahnverfahrens

Beispiel: Mahnverfahren – streitiges Verfahren

Gegenstandswert: € 10.000,00

0,9 Geschäftsgebühr, §§ 2, 13 RVG, Nr. 2300 VVRVG	552,60 €
Post- und Telekommunikationspauschale Nr. 7002 VVRVG	20,00 €
Zwischensumme	572,60 €
19 % Umsatzsteuer Nr. 7008 VVRVG	108,79 €
SUMME	681,39 €

Im Mahnverfahren:

Gegenstandswert: € 10.000,00

1,0 Verfahrensgebühr, §§ 2, 13 RVG, Nr. 3305 VVRVG	614,00 €	
angerechnet werden muss 0,45 aus € 10.000,00	./. 276,30 €	
verbleiben noch		337,70 €
Post- und Telekommunikationspauschale Nr. 7002 VVRVG		20,00 €
Zwischensumme		357,70 €
19 % Umsatzsteuer Nr. 7008 VVRVG		64,16 €
SUMME		421,86 €

Im streitigen Verfahren:

Gegenstandswert: € 10.000,00

1,3 Verfahrensgebühr, §§ 2, 13, Nr. 3100 VVRVG	798,20 €	
angerechnet werden muss 1,0 aus € 10.000,00	./. 614,00 €	
verbleiben noch		184,20 €
1,2 Terminsgebühr, §§ 2, 13 Nr. 3104 VVRVG		736,80 €
Post- und Telekommunikationspauschale gem. Nr. 7002 VVRVG		20,00 €
Zwischensumme		941,00 €
19 % Umsatzsteuer gem. Nr. 7008 VVRVG		178,79 €
SUMME		1.119,79 €

Insgesamt:

Außergerichtliche Tätigkeit	681,39 €
Mahnverfahren	421,86 €
streitiges Verfahren	1.119,79 €
GESAMTSUMME	**2.223,04 €**

III. Die Vergütung im Rahmen des gerichtlichen Mahnverfahrens

Beispiel: Mahnverfahren – Mehrere Auftraggeber – Streitiges Verfahren
Ehepaar M beantragt selbst den Erlass eines Mahnbescheids wegen eines Betrages von € 10.000,00. Nach Zustellung des Mahnbescheids suchen die Eheleute M Rechtsanwalt R auf, verbunden mit der Bitte, den Antrag auf Erlass des Vollstreckungsbescheids zu stellen. R fertigt den Antrag auf Erlass des Vollstreckungsbescheids. Nach Zustellung des Vollstreckungsbescheids legt Rechtsanwalt G Einspruch ein, so dass von Amts wegen das streitige Verfahren eingeleitet wird. Es findet Termin zur mündlichen Verhandlung statt. Der Vollstreckungsbescheid wird bestätigt.

Rechtsanwalt R kann wie folgt abrechnen:

Im Mahnverfahren:

Gegenstandswert: € 10.000,00

0,8 Verfahrensgebühr gem. §§ 2, 13 RVG, Nrn. 1008, 3308 VVRVG	491,20 €
Auslagenpauschale gem. Nr. 7002 VVRVG	20,00 €
Zwischensumme	551,20 €
19 % Umsatzsteuer gem. Nr. 7008 VVRVG	104,73 €
SUMME	655,93 €

Im streitigen Verfahren:

1,6 Verfahrensgebühr gem. §§ 2, 13 RVG, Nr. 3100 VVRVG	982,40 €
1,2 Terminsgebühr gem. §§ 2, 13 RVG, Nr. 3104 VVRVG	736,80 €
Post- und Telekommunikationspauschale Nr. 7002 VVRVG	20,00 €
Zwischensumme	1.739,20 €
19 % Umsatzsteuer gem. Nr. 7008 VVRVG	330,45 €
SUMME	2.069,65 €
GESAMTSUMME	2.725,58 €

IV. Die Gebühren in der Zwangsversteigerung und Zwangsverwaltung

Die Abrechnung der Tätigkeiten des Anwaltes im Rahmen der Zwangsversteigerung und Zwangsverwaltung entsprechend dem ZVG erfolgt nach Nr. 3311, 3312 VVRVG. Gegenstände und Umfang der Zwangsversteigerung sind bei *Stöber* ausführlich dargestellt. Die Teilungsversteigerung zur Aufhebung der Gemeinschaft an einem Grundstück (§§ 180–185 ZVG) ist zwar keine Maßnahme der Zwangsvollstreckung, das Verfahren folgt jedoch den Regeln des ZVG und ist ebenfalls nach VVRVG 3311 und 3312 abzurechnen. Dies gilt auch, wenn der Insolvenzverwalter das Zwangsversteigerungsverfahren (§ 172 ZVG) betreibt oder das Verfahren auf Antrag der Erben (§ 175 ZVG) erfolgt.

Auch für die Abrechnung dieser Verfahren gilt die neue Struktur von Verfahrens- und Terminsgebühren unabhängig davon, ob der Anwalt einen Beteiligten oder Bieter vertritt.

Die Eintragung einer Zwangshypothek gem. §§ 866, 867, 870a ZPO ist eine Maßnahme der Zwangsvollstreckung und kann über §§ 18 Ziff. 11 RVG iVm Nr. 3309 VVRVG mit einer 0,3 Verfahrensgebühr extra abgerechnet werden.

1. Die Verfahrensgebühr Nr. 3311 VVRVG

Die Verfahrensgebühr gemäß VVRVG 3311 entsteht in Höhe von 0,4 für jede der in den Ziffern 1 bis 6 der Anmerkung genannten Tätigkeiten einzeln und gesondert.

Zwangsversteigerungs- und Zwangsverwaltungsverfahren können **nacheinander und nebeneinander** über ein- und dasselbe Grundstück angeordnet werden. Genauso können die Gebühren der einzelnen Ziffern der Nr. 3311 VVRVG nacheinander und nebeneinander anfallen und auch abgerechnet werden, wenn der Mandant in den verschiedenen Verfahrensabschnitten vertreten wird. Wird der Anwalt im Tätigkeitsbereich einer einzelnen Verfahrensgebühr (z.B. Nr. 2) mehrfach tätig, kann die jeweilige Ziffer nur einmal angesetzt werden; die Gebühren aus den jeweiligen Ziffern der Nr. 3311 jedoch nebeneinander.

Auch wenn der Mandant den Auftrag erteilt, ihn „im (gesamten) Verfahren" zu vertreten, so kann die jeweilige Gebühr immer nur dann abgerechnet werden, wenn im jeweiligen Verfahrensabschnitt auch entsprechende anwaltliche Tätigkeit entfaltet wurde.

Die Verfahrensgebühr deckt – charakteristischerweise – jeweils den gesamten abgesteckten Tätigkeitsbereich ab. Für den Anfall der einzelnen Verfahrensgebühren Nr. 3311 Ziff. 1–6 VVRVG ist jeweils darauf abzustellen, ob der Anwalt den Gläubiger, Schuldner oder sonstige Beteiligte, wie z. B. einen Bieter in den einzelnen Verfahrensabschnitten vertritt. Unerheblich ist dies jedoch bei den Gebühren Ziff. 1, 2 und 6. Bei den Gebühren der Ziff. 3–5 ist genau zu analysieren, welche Stellung der Auftraggeber im Verfahren innehat: Ziff. 3 und 4 sind nur für die Vertretung des Antragstellers, Ziff. 5 nur bei Vertretung eines sonstigen Beteiligten anzuwenden.

Beteiligte, also mögliche Auftraggeber im Rahmen des ZVG, sind alle in § 9 ZVG genannten Personen. Für die Vertretung eines „Nichtbeteiligten", also z. B. den Ersteher oder dessen Bürgen, gilt 2300 VVRVG.

2. Nr. 3311 Ziff. 1: Tätigkeit des Anwaltes im Zwangsversteigerungsverfahren bis zur Einleitung des Verteilungsverfahrens

Der Tätigkeitsbereich dieser Verfahrensgebühr ist **weit gesteckt**: Er beginnt mit dem Auftrag des Mandanten – der Beteiligtenstellung im Verfahren haben muss – zur Vertretung im Zwangsversteigerungsverfahrens und endet mit der Einleitung des Verteilungsverfahren, d. h. Bestimmung des Verteilungstermins durch den Rechtspfleger. Im Grunde ist sie die Grundgebühr für das Betreiben der Zwangsversteigerung. Die Gebühr fällt auch an für die Vertretung eines Bieters, der nun gebührentechnisch im RVG einem Beteiligten gleichsteht.

Die das Zwangsversteigerungsverfahren **vorbereitende Tätigkeiten**, wie z. B. die Beschaffung von Notfrist- und Rechtskraftzeugnissen, die Vollstreckungsklausel und die weiteren in § 19 Ziff. 9, 11, 12, 15, 16 RVG genannten Folgetätigkeiten sind jedoch noch von der Verfahrensgebühr des Erkenntnisverfahrens abgedeckt, lösen also bei dem Rechtsanwalt, der auch schon im Erkenntnisverfahren tätig ist, die Verfahrensgebühr für die Zwangsversteigerung noch nicht aus. Wird jedoch konkret der Auftrag zur Einleitung des Zwangsversteigerungs- oder Zwangsverwaltungsverfahrens erteilt und ist der Titel noch nicht zugestellt oder muss umgeschrieben werden, so entsteht die Verfahrensgebühr aus Nr. 3311 Ziff. 1 bereits hierfür.

IV. Die Gebühren in der Zwangsversteigerung und Zwangsverwaltung

Jede Tätigkeit des Anwaltes, die er in diesem Verfahrensabschnitt für den Mandanten entwickelt, löst die Gebühr des Nr. 3311 Ziff. 1 aus. Abgerechnet werden kann sie also für **jede Tätigkeit** des Anwaltes nach der Auftragserteilung, von der Androhung der Versteigerung über die Antragstellung, Beitritt zu bereits laufenden Verfahren, Stellung verschiedener Anträge im Verfahren wie §§ 22, 25 ZVG, Vorbereitung des Versteigerungstermins, Einholung von Informationen über den Wert der Immobilie, Akquise möglicher Bieter, Abgabe von Geboten, Anmeldung von Forderungen bis hin zur Wahrnehmung eines besonderen Verkündungstermins nach § 87 ZVG.

Aber auch jede sonstige vor oder nach dem Versteigerungstermin noch vor der Bestimmung des Verteilungstermins zu erledigende Tätigkeit, d. h. jede Tätigkeit außer der Teilnahme an einem oder mehreren Versteigerungsterminen selbst und im Verteilungsverfahren fällt unter Ziff. 1.

Wie umfangreich die Tätigkeit des Anwaltes ist, hat auf die Höhe der Gebühr keinen Einfluss, da sie als **Festgebühr**, nicht als Rahmengebühr ausgestaltet ist. Sie beträgt also auch dann 0,4, wenn dem Antrag auf Eröffnung des Zwangsversteigerungsverfahrens nicht stattgegeben wurde.

Für die Wahrnehmung des Versteigerungstermins kann zusätzlich die Verfahrensgebühr des Nr. 3312 VVRVG abgerechnet werden, Näheres hierzu s. u.

3. Nr. 3311 Ziff. 2: Tätigkeit des Anwaltes im Zwangsversteigerungsverfahren im Verteilungsverfahren, auch für ein Mitwirken bei einer außergerichtlichen Verteilung

Diese Gebühr entsteht für jede Tätigkeit nach der Bestimmung des Verteilungstermins, im **Verteilungsverfahren** gemäß §§ 105 ff. ZVG. Also frühestens mit der Entgegennahme der Ladung zum Termin, Prüfung des Teilungsplanes und Weitergabe an den Mandanten. Eine Teilnahme am Termin durch den Anwalt ist für den Gebührenanfall dann nicht mehr nötig. Aber auch die Einreichung einer Forderungsaufstellung zur Berechnung des Anspruchs seines Mandanten oder aber die Vorbereitung auf und Teilnahme an einem oder mehreren Verteilungsterminen oder die Überprüfung des Verteilungsplans löst die Gebühr aus.

Die Teilnahme am Verteilungstermin löst die Terminsgebühr des Nr. 3312 VVRVG nicht aus. Sie fällt nur an für die Teilnahme an einem Versteigerungstermin.

Die gerichtliche Erlösverteilung steht der außergerichtlichen Erlösverteilung gleich: Findet ein gerichtliches Verteilungsverfahren nicht statt, weil sich die Beteiligten außergerichtlich über die Erlösverteilung geeinigt haben, §§ 143, 144 ZVG, und wirkt der Anwalt für einen der Beteiligten mit, ist die Gebühr verdient.

Diese Verfahrensgebühr könnte also auch „Verteilungsgebühr" genannt werden. Auch bei dieser Gebühr ist es für die Höhe der Gebühr unerheblich, in welchem Umfang der Anwalt in diesem Verfahrensabschnitt tätig wurde. Die Gebühr beträgt grundsätzlich 0,4.

4. Nr. 3311 Ziff. 3: Tätigkeit des Anwaltes im Zwangsverwaltungsverfahren für die Vertretung des Antragstellers im Verfahren über den Antrag auf Anordnung der Zwangsverwaltung oder auf Zulassung des Beitritts

Diese Gebühr gilt für die Tätigkeit des Anwalts in der Zwangsverwaltung, §§ 146–161 ZVG, für den Antragsteller, soweit es sich um die **Verfahrensabschnitte** „Prüfung des Antrags auf Anordnung der Zwangsverwaltung" oder „Prüfung des Antrags auf Zulassung des Beitritts" handelt. Antragsteller ist jeder Gläubiger, der die Zwangsverwaltung betreibt oder einem bereits angeordneten Zwangsverwaltungsverfahren beitritt. Antragsberechtigt ist nach § 172 ZVG auch der Insolvenzverwalter.

Die Gebühr fällt bereits mit Auftragserteilung an; **vorbereitende Tätigkeiten** aus § 19 Ziff. 9, 11, 12, 15, 16 RVG, wie z.B. die Erteilung der Vollstreckungsklausel gelten als Folgetätigkeiten des Erkenntnisverfahrens und sind für den bereits in der Angelegenheit tätigen Anwalt von der Verfahrensgebühr des Erkenntnisverfahrens abgedeckt. Bei Neubeauftragung im Rahmen der Zwangsverwaltung lösen diese Tätigkeiten die Gebühr des 3311 Ziff. 3 aus.

Jede Tätigkeit des Anwaltes, die er in **Ausführung des Auftrages** erledigt, löst die Gebühr aus. Also auch jede Art der Information, konkret die Stellung des Antrages bis zur Anordnung der Zwangsverwaltung oder bis zur Zulassung des Beitritts oder aber Ablehnung einer dieser Maßnahmen. Wird dem Antrag nicht sofort stattgegeben und muss der ursprüngliche Antrag ergänzt werden, ist auch dies gedeckt. Eine Erhöhung der Gebühr wegen umfangreicher anwaltlicher Tätigkeiten in diesem Verfahrensabschnitt ist – auf Grund des festen Gebührensatzes – nicht möglich.

Die Gebühr entsteht auch dann, wenn gemäß § 77 Abs. 2 ZVG bei wiederholtem ergebnislosen Versteigerungsterminen das Gericht auf Antrag des Gläubigervertreters das Zwangsversteigerungsverfahren als Zwangsverwaltungsverfahren fortgeführt wird. Die Gebühr aus Ziff. 1 deckt diese Tätigkeit des Anwalts, die mit dem Antrag auf das Zwangsversteigerungsverfahren beginnt, nicht mit ab. Die Gebühren nach Ziff. 1 und 3 können nebeneinander geltend gemacht werden.

5. Nr. 3311 Ziff. 4: Tätigkeit des Anwaltes im Zwangsverwaltungsverfahren für die Vertretung des Antragstellers im weiteren Verfahren einschließlich des Verteilungsverfahrens

Für die Vertretung des Antragstellers nach der Anordnung der Zwangsverwaltung oder nach der Zulassung des Beitritts im weiteren Verfahren bis hin zum Verteilungsverfahren entsteht eine weitere 0,4 Verfahrensgebühr. Auch diese Gebühr entsteht für jede auftragsgemäße Tätigkeit in diesem Verfahrensabschnitt.

Sie gilt für die gesamte anschließende Tätigkeit des Anwalts – unabhängig von Dauer und Umfang – bis zur Verfahrensaufhebung ab z. B. Wahrnehmung etwaiger Verteilungstermine. Die Terminsgebühr aus Nr. 3312 kann im Rahmen der Zwangsverwaltung nicht anfallen.

6. Nr. 3311 Ziff. 5: Tätigkeit des Anwaltes im Zwangsverwaltungsverfahren für die Vertretung eines sonstigen Beteiligten im ganzen Verfahren einschließlich des Verteilungsverfahrens

Vertritt der Anwalt einen anderen Beteiligten, vorrangig den Schuldner, wird dies mit der Gebühr aus Ziff. 5 honoriert. Dies gilt unabhängig davon, in welchem Verfahrensabschnitt – Anordnung, Beitritt oder weiteres Verfahren – er tätig wird, also für die Vertretung im gesamten Zwangsverwaltungsverfahren.

7. Nr. 3311 Ziff. 6: Tätigkeit des Anwaltes im Verfahren über Anträge auf einstweilige Einstellung oder Beschränkung der Zwangsvollstreckung und einstweilige Einstellung des Verfahrens sowie für Verhandlungen zwischen Gläubiger und Schuldner mit dem Ziel der Aufhebung des Verfahrens

Ziff. 6 bringt eine gesonderte Verfahrensgebühr für die Tätigkeit des Anwaltes in **Vollstreckungsschutzverfahren** nach § 765a ZPO, §§ 30a ff., 180 ZVG.

Daneben wird auch hier das **außergerichtliche Engagement** des Anwaltes auf Erledigung der Sache extra honoriert: Die Gebühr kann auch für Verhandlungen zwischen Gläubiger und Schuldner, um die Aufhebung des

Verfahrens zu erreichen, abgerechnet werden. Dies entspricht also im Grunde der Terminsgebühr Nr. 3104, die gemäß Vorbemerkung 3, Abs. 3, 3. Alternative auch für Besprechungen mit dem Ziel der Erledigung des Verfahrens abgerechnet werden kann.

8. Erhöhung der Verfahrensgebühren bei mehreren Auftraggebern

Mangels Einschränkungen (wie z. B. bei Nr. 3308) bin ich der Meinung, dass sich jede einzelne der Verfahrensgebühren des Nr. 3311 VVRVG bei **Vertretung mehrerer Mandanten** erhöht. Wird der Anwalt für mehrere (Mit-) Eigentümer, mehrere Miterben im Rahmen der Teilungsversteigerung tätig, erhöht sich die jeweilige Verfahrensgebühr § 7 RVG iVm. Nr 1008 um jeweils 0,3. Die maximale Erhöhung darf 2,0 nicht überschreiten.

Wird also der Anwalt im Rahmen einer Zwangsversteigerung für eine 12-köpfige Erbengemeinschaft tätig, kann die jeweilige Verfahrensgebühr in Höhe von 2,4 abgerechnet werden. Bei der Vertretung mehrerer voneinander unabhängiger Gläubiger im Rahmen des Zwangsvollstreckungs- oder Zwangsversteigerungsverfahren kann es jedoch zu einem Kollisionsproblem kommen.

9. Die Terminsgebühr Nr. 3312 VVRVG

Neben der Verfahrensgebühr kommt die Terminsgebühr VVRVG 3312 in Höhe von 0,4 in Betracht. Sie fällt – im Gegensatz zur Terminsgebühr des VVRVG 3104 – nur und ausschließlich für die Teilnahme an einem Versteigerungstermin für einen Beteiligten an.

Diese Gebühr ist eine Gebühr mit einem festen Gebührensatz, d. h. die Dauer des Termins oder der Umfang der anwaltlichen Tätigkeit ändern an der Gebühr nichts. Auch wenn der Zuschlag nicht im ersten Termin erteilt werden kann und damit weitere Termine wahrzunehmen sind: die Terminsgebühr kann insgesamt nur einmal abgerechnet werden.

10. Beschwerde – Rechtsmittel

Gegen die Eröffnung oder Nichteröffnung des Versteigerungsverfahrens oder sonstige Entscheidungen des Rechtspflegers im Zwangsversteigerungs- oder Verwaltungsverfahren ist die sofortige Beschwerde gegeben. Diese wird gemäß Nr. 3500 mit einer 0,5 Gebühr abgerechnet.

11. Geschäftsgebühr – Beratung

Neben den Gebühren Nr. 3311 und Nr. 3312 ist der Anfall der Geschäftsgebühr Nr. 2300 VVRVG denkbar. Diese fällt dann an, wenn der Mandant zwar den Auftrag erteilt, im Rahmen der Zwangsversteigerung tätig zu sein, ohne jedoch konkret den Auftrag zu erteilen, die Zwangsversteigerung einzuleiten oder im Verfahren zu vertreten. Fällt eine der Verfahrensgebühren des 3311 an, ist gemäß den Vorgaben aus Vorbem. 3, Abs. 4 VVRVG anzurechnen. Bei der Tätigkeit für mehrere Auftraggeber kann die Gebühr gem. § 7 RVG und Nr. 1008 VVRVG erhöht werden.

In der Praxis ebenfalls denkbar ist die reine Beratung zu einem Zwangsversteigerungs- oder Zwangsverwaltungsverfahren. Hierfür ist die Gebühr frei zu vereinbaren oder die Obergrenzen des § 34 RVG zu akzeptieren.

12. Einigungsgebühr

Auch der Anfall der Einigungsgebühr, z. B. für den Abschluss einer Ratenzahlungs- oder Teilzahlungsvereinbarung, zur Abwehr oder einstweiligen Einstellung oder Aufhebung der Zwangsversteigerung oder Zwangsverwaltung ist denkbar. Lesen Sie bitte hierfür das diesbezügliche Kapitel oben.

V. Die Anwaltsgebühren für die Tätigkeit im Insolvenzverfahren

Maßgeblich sind die Gebühren Nr. 3313 bis 3321 VVRVG für die Vertretung des Mandanten im Insolvenzeröffnungs- und im Schuldenbereinigungsverfahren sowie im Insolvenzverfahren, im Verfahren über den Insolvenzplan und die Restschuldbefreiung. **Vorgerichtliche Tätigkeiten** des Rechtsanwalts sind dagegen grundsätzlich nach den allgemeinen Vergütungsvorschriften abzurechnen. Eine Ausnahme bildet nur das außergerichtliche Schuldenbereinigungsverfahren in der Verbraucherinsolvenz, soweit sich die Vergütung des Rechtsanwalts nach den Vorschriften über die Beratungshilfe richtet. Hierzu enthält Teil 2 Abschnitt 5 Nr. 2502, 2504 bis 2507 VVRVG ergänzende Sonderregelungen.

Gemäß § 1 Abs. 2 S. 1 RVG können Tätigkeiten des Rechtsanwalts als Insolvenzverwalter, Treuhänder, Sachwalter oder Mitglied eines Gläubigerausschusses **nicht** nach dem RVG abgerechnet werden, weil es sich insoweit nicht um eine anwaltliche Tätigkeit im Sinne von § 1 Abs. 1 RVG handelt. Der Rechtsanwalt, der eine der vorgenannten Tätigkeiten wahrnimmt, erhält seine Vergütung auf Grundlage der **insolvenzrechtlichen Vergütungsverordnung** (InsVV).

Soweit der Rechtsanwalt außerhalb der Anmeldung zur Insolvenztabelle die Rechte eines aus- oder absonderungsberechtigten Gläubigers geltend macht, wird er nicht „im Insolvenzverfahren" tätig, sodass auch in diesen Fällen die Vergütung nach den allgemeinen Vorschriften zu erfolgen hat. Gleiches gilt für die Verhandlungen mit dem Insolvenzverwalter über die Erfüllung gegenseitiger Verträge in der Insolvenz (§ 103 ff. InsO) oder die Geltendmachung von Masseverbindlichkeiten gegenüber dem Insolvenzverwalter, weil der Rechtsanwalt auch insoweit nicht die Rechte eines Insolvenzgläubigers „im Insolvenzverfahren" wahrnimmt.

Werden allerdings Absonderungsrechte als Ausfallforderung auch zur Insolvenztabelle angemeldet oder beteiligt sich der Rechtsanwalt für den absonderungsberechtigten Gläubiger in sonstiger Weise – etwa im Rahmen eines Insolvenzplanverfahrens – am Insolvenzverfahren, so erhält er hierfür eine gesonderte Gebühr nach den Vorschriften der Nr. 3313 ff. VVRVG.

Die Tätigkeit des Rechtsanwalts im Insolvenzverfahren unterscheidet sich grundlegend danach, ob er den Schuldner oder einen Gläubiger vertritt.

Entsprechend fallen unterschiedliche Gebühren an, die in den Vergütungsvorschriften der Nrn. 3313 bis 3321 VVRVG geregelt sind.
Hier wird nur die Vertretung des Gläubigers thematisiert.

1. Vertretung des Gläubigers

Die Tätigkeit für den Gläubiger beginnt ggf. mit der vorgerichtlichen Beratung und setzt sich in der Vertretung im Insolvenzverfahren fort.

a) Gebühren bei vorgerichtlicher Beratung und Vertretung des Gläubigers

Berät oder vertritt der Rechtsanwalt den Gläubiger vorgerichtlich, richtet sich seine Vergütung nach der getroffenen Honorarvereinbarung oder den allgemeinen Vorschriften der Nr. 1000, 2300 VVRVG.

b) Gebühren bei Vertretung im Insolvenzeröffnungsverfahren

Für den Anwalt, der einen Gläubiger im Eröffnungsverfahren vertritt, ist nach Nr. 3314 VVRVG eine 0,5 Gebühr vorgesehen. Findet ein **Schuldenbereinigungsplanverfahren** statt, in dem er für einen Gläubiger tätig wird, erhöht sich die Verfahrensgebühr nach den Nr. 3314, 3316 VVRVG auf 1,0.

Die Gebühr wird in diesem Fall regelmäßig mit der **Zustellung** des Plans an den Gläubigervertreter ausgelöst, weil bereits in der Entgegennahme und Weiterleitung des Plans ein Tätigwerden im Verfahren über den Plan liegt. Allein der Umstand, dass der Schuldner einen Plan vorgelegt hat, in dem der Gläubigervertreter aufgeführt ist, rechtfertigt dagegen noch nicht die erhöhte Gebühr nach Nr. 3316 VVRVG.

c) Gebühren bei Vertretung im eröffneten Insolvenzverfahren

Für die Vertretung des Gläubigers im eröffneten Insolvenzverfahren fällt – soweit nicht lediglich eine Forderung angemeldet wird – eine 1,0 Verfahrensgebühr nach Nr. 3317 VVRVG an, auf die die Gebühr nach Nr. 3314 VVRVG nicht anzurechnen ist.

Vertritt der Rechtsanwalt im selben Verfahren **mehrere Gläubiger**, kann er die entstehenden Gebühren nach Vorbemerkung 3.3.5 Abs. 2 von jedem Auftraggeber gesondert verlangen. Auch wenn der Rechtsanwalt einen Gläubiger wegen derselben Forderung in mehreren Insolvenzverfahren vertritt – etwa in parallel verlaufenden Verfahren gegen eine juristische Person und ihre Gesellschafter – entsteht eine gesonderte Gebühr für jedes Verfahren.

Vertritt der Rechtsanwalt einen **aus- oder absonderungsberechtigten Gläubiger**, kann er hierfür eine Geschäftsgebühr nach Nr. 2300 VVRVG ansetzen.

Nur soweit der aus- oder absonderungsberechtigte Gläubiger daneben am Insolvenzverfahren teilnimmt – etwa bei der Forderungsanmeldung für den Ausfall –, erhält er zusätzlich die Gebühr der Nr. 3317 VVRVG. Gesondert vergütet wird nach Nr. 3318 VVRVG mit einer Gebühr von 1,0 die Vertretung des Gläubigers oder eines weiteren Beteiligten, der nicht Schuldner ist, im Insolvenzplanverfahren.

Mit dieser Gebühr abgegolten ist die Tätigkeit im gesamten Verfahren über den Insolvenzplan einschließlich der Abwicklung des Plans und der Überwachung der Planerfüllung.

2. Gebühren bei der Beschränkung der Tätigkeit auf die Anmeldung einer Insolvenzforderung

Beschränkt sich die Tätigkeit auf die Anmeldung der Insolvenzforderung für den Gläubiger, ermäßigt sich die Verfahrensgebühr nach Nr. 3320 VVRVG auf 0,5. Mit dieser Gebühr ist die vor der Anmeldung erforderliche Prüfung des Rechtsanwalts über das Bestehen der anzumeldenden Forderung und die Vollständigkeit der einzureichenden Anmeldeunterlagen abgegolten.

Der nach § 302 Nr. 1 InsO bei der Anmeldung von Forderungen aus vorsätzlich unerlaubter Handlung erforderliche Hinweis auf den Deliktscharakter der Forderung rechtfertigt auch dann noch kein Absehen von der Ermäßigung nach Nr. 3320 VVRVG, wenn der Rechtsanwalt hierfür bei der Anmeldung zusätzliche Ausführungen machen muss.

Soweit der Rechtsanwalt jedoch über die bloße Forderungsanmeldung hinaus im Verfahren tätig wird, indem er etwa an einer Gläubigerversammlung teilnimmt, verdient er die volle Gebühr nach Nr. 3317 VVRVG. Auch der nach § 189 InsO bei bestrittenen Forderungen mögliche Nachweis gegenüber dem Insolvenzverwalter, dass Feststellungsklage erhoben oder ein bereits anhängiger Rechtsstreit wieder aufgenommen wurde, stellt ein über die bloße Forderungsanmeldung hinausgehendes Tätigwerden des Rechtsanwalts dar, so dass in diesem Fall die volle Gebühr anfällt.

3. Gebühren bei der Vertretung im Verfahren über Versagung oder Widerruf der Restschuldbefreiung

Ebenso wie der Vertreter des Schuldners erhält der Gläubigervertreter im Verfahren über den Antrag auf Versagung oder Widerruf der Restschuldbefreiung (§§ 290, 296 bis 298, 300 InsO) eine zusätzliche Gebühr von 0,5 auch dann, wenn der Antrag bereits vor Aufhebung des Insolvenzverfahrens gestellt wurde. Auch für den Rechtsanwalt, der einen Gläubiger vertritt, gelten mehrere gleichzeitig anhängige Versagungs- oder Widerrufsanträge grundsätzlich als **eine Angelegenheit**.

Vertritt der Rechtsanwalt jedoch **mehrere Gläubiger**, die jeweils eigene Versagungsanträge stellen, muss entgegen dem Wortlaut von Nr. 3321 VVRVG gelten, dass die Gebühr nach Nr. 3321 VVRVG jeweils gesondert anfällt. Denn das Verfahren über die Versagung der Restschuldbefreiung ist als quasi-kontradiktorisches Parteiverfahren ausgestaltet, in dem es dem Gläubiger obliegt, einen Versagungsgrund glaubhaft zu machen und zu beweisen. Dabei können von verschiedenen Gläubigern unterschiedliche Versagungsgründe vorgebracht werden.

VI. Der Gegenstandswert im Rahmen des Forderungsmanagements

1. Grundsatz

Grundsätzlich ist die einzutreibende **Hauptforderung** das Maß der Dinge. Im Rahmen der Zwangsvollstreckung ist jedoch gemäß § 25 RVG die zu vollstreckende Gesamtforderung zu berücksichtigen. Wird der Gerichtsvollzieher mit der Herausgabe eines einzelnen Gegenstandes beauftragt, und ist dessen Wert geringer als die zu vollstreckende Forderung, ist der geringere Wert des Gegenstandes anzusetzen.

Im Rahmen der **Zwangsversteigerung** ist § 26 RVG maßgeblich. Bei einer Tätigkeit für Miteigentümer oder sonstige Mitberechtigte ist der/dessen Anteil maßgebend; bei Teilungsversteigerungen wird der Wert gem. § 54 Abs. 2, S. 2 GKG berechnet. **Für die Zwangsverwaltung gilt § 27 RVG.**

Bei Vertretung des Gläubigers im Eröffnungsverfahren (Nr. 3314 VVRVG), im Verfahren über einen Schuldenbereinigungsplan (Nr. 3316 VVRVG), im Insolvenzverfahren (Nr. 3317, 3320 VVRVG) und im Verfahren über die Beschwerde gegen die Eröffnung des Insolvenzverfahrens oder die Abweisung des Insolvenzantrags (Nr. 3500 und 3513 VVRVG) gemäß § 28 Abs. 2 RVG nach dem Nennwert der Forderung. Dies gilt auch, wenn der Wert der Insolvenzmasse unter dem Nennwert der angemeldeten Forderung liegt; eine § 58 Abs. 2 Halbsatz 2 GKG entsprechende Vorschrift fehlt.

Für die im ordentlichen Verfahren zu erhebende **Feststellungsklage** des Gläubigers gegen den bestreitenden Insolvenzverwalter (§§ 179, 180 InsO) ist nicht der Nennwert der Forderung, sondern nach dem eindeutigen Wortlaut des § 182 InsO stets die im Insolvenzverfahren zu erwartende Quote maßgeblich.

2. Neue Wertstufe für die Geschäftsgebühr bei Inkassomandaten zum 01.10.2021

Für die Geschäftsgebühr – und nur die Geschäftsgebühr – wird die Tabelle des § 13 RVG um einen weitere Wertstufe nach unten ergänzt: Für eine außergerichtliche Inkassodienstleistung, die eine unbestrittene Forderung betrifft (Absatz 2 der Anmerkung zu Nummer 2300 des Vergütungsverzeichnisses), beträgt bei einem Gegenstandswert bis 50 € die Gebühr abweichend von Absatz 1 Satz 1 RVG 30,00 €. Das heißt, dass hier ein neuer Gebührensprung von bis zu 50,00 € eingezogen wird, der nur für eine außergerichtliche Inkassodienstleistung, zur Einziehung einer unbestrittenen Forderung gilt.

Damit beträgt die Geschäftsgebühr bei einem Gegenstandswert von bis zu 50,00 €

0,5 Gebühr	15,00 €, zzgl. Auslagenpauschale i. H. v. 3,00 €, USt. i. H. v. 3,42 €, brutto also 21,42 €
0,9 Gebühr	27,00 € zzgl. Auslagenpauschale i. H. v. 5,40 €, USt. i. H. v. 6,16 €, brutto also 38,56 €
1,3 Gebühr	39,00 €, zzgl. Auslagenpauschale i. H. v. 7,80 €, USt. i. H. v. 8,89 €, brutto also 55,69 €.

3. Streitwertänderungen bei Zahlungsvereinbarungen

Bei Mandatierung bis zum 30.09.2021 greift § 31b RVG nur in den Fällen, in denen Gegenstand der Einigung ausschließlich eine pure Zahlungsvereinbarung ist. Wenn dies zu bejahen ist, greift die Reduzierung des Gegenstandswertes auf 20 %.

Bei Mandatierung ab dem 01.10.2021 ist zu unterscheiden:

- Handelt es sich um eine Zahlungsvereinbarung nach **Nr. 1000 Ziff. 1 VVRVG** – beseitigt also die Einigung Streit oder Ungewissheit über die Forderung – so kann aus 100 % des Anspruchs, über den eine Regelung gefunden wird, abgerechnet werden.
- Wird ein Vertrag abgeschlossen, durch den die Erfüllung des Anspruchs geregelt wird, bei gleichzeitigem vorläufigem Verzicht auf seine gerichtliche Geltendmachung oder, wenn bereits ein zur Zwangsvollstreckung geeigneter Titel vorliegt, bei gleichzeitigem vorläufigem Verzicht auf Vollstreckungsmaßnahmen, und damit die Gebühr **Nr. 1000 Ziff. 2 VVRVG** greift, so ist der Gegenstandswert auf 50 % zu beschränken.

War also nach altem Recht der Wert nur dann auf 20 % zu kürzen, wenn eine „blanke" Teilzahlungsvereinbarung (TZV) geschlossen wird, so kann künftig in allen Fällen des Abschlusses einer TZV nach Nr. 1000 Ziff. 2 VVRVG lediglich aus einem Wert in Höhe von 50 % des Anspruchs abgerechnet werden. Bei Abschluss einer TZV nach Nr. 1000 Ziff. 1 VVRVG bleibt es bei der Abrechnung aus 100 %.

VI. Der Gegenstandswert im Rahmen des Forderungsmanagements

Beispiel 1:

Rechtsanwalt R macht für seinen Mandanten M außergerichtlich eine Forderung von € 10.000,00 geltend. <u>Auf die Mahnung des M hatte der Gegner S nicht reagiert.</u> Nach Zugang des anwaltlichen Aufforderungsschreibens meldet sich der Anwalt des S und bestreitet zunächst den Bestand der Forderung. Im Ergebnis gelingt es, einen Vergleich abzuschließen, wonach der S an den M zur Abgeltung aller Ansprüche einen Betrag i. H. v. 8.000,00 € zahlt. Dem S wird zugestanden, den Vergleichsbetrag in monatlichen Raten von 500,00 € zu zahlen.

R kann wie folgt abrechnen:

Gegenstandswert: € 10.000,00

0,9 Geschäftsgebühr, §§ 2, 13 RVG, Nr. 2300 VVRVG	552,60 €
1,5 Einigungsgebühr, §§ 2, 13 RVG, Nr. 1000 Ziff. 1 VVRVG	921,00 €
Post- und Telekommunikationspauschale Nr. 7002 VVRVG	20,00 €
Zwischensumme	1.493,60 €
19 % Umsatzsteuer Nr. 7008 VVRVG	283,78 €
SUMME	**1.777,38 €**

Da hier ein Vergleich gem. Nr. 1000 Ziff. 1 VVRVG, also ein Vertrag/Vergleich, durch den der Streit oder die Ungewissheit über das Rechtsverhältnis/den Anspruch beseitigt wird, abgeschlossen werden kann, beträgt die Gebühr 1,5. § 31b RVG ist nicht anzuwenden, so dass sich (auch) die Einigungsgebühr nach dem vollen Anspruch bestimmt.

Beispiel 2:

Rechtsanwalt R macht für seinen Mandanten M außergerichtlich eine Forderung von € 10.000,00 geltend. <u>Auf die Mahnung des M hatte der Gegner S nicht reagiert.</u> Nach Zugang des anwaltlichen Aufforderungsschreibens meldet sich S und bittet um Ratenzahlung. Dies wird in monatlichen Raten von 500,00 € gewährt.

R kann wie folgt abrechnen:

Gegenstandswert: € 10.000,00

0,5 Geschäftsgebühr, §§ 2, 13 RVG, Nr. 2300 VVRVG	307,00 €
Gegenstandswert: € 5.000,00	
0,7 Einigungsgebühr, §§ 2, 13 RVG, Nr. 1000 Ziff. 1 VVRVG	223,80 €
Post- und Telekommunikationspauschale Nr. 7002 VVRVG	20,00 €
Zwischensumme	550,80 €

VI. Der Gegenstandswert im Rahmen des Forderungsmanagements

19 % Umsatzsteuer Nr. 7008 VVRVG	104,65 €
SUMME	**655,45 €**

Hier ist wohl von einer „einfachen" Tätigkeit auszugehen; damit ermäßigt sich die Geschäftsgebühr auf 0,5 gem. Nr. 2300 Abs. 2 VVRVG. Die Einigungsgebühr ist mit 0,7 (Nr. 1000 Ziff. 2 VVRVG) aus 50 % des Wertes anzusetzen; § 31b RVG.

Beispiel 3:

Rechtsanwalt R macht für seinen Mandanten M außergerichtlich eine <u>bestrittene Forderung</u> von € 10.000,00 geltend. Nach Zugang des anwaltlichen Aufforderungsschreibens meldet sich der Anwalt des S und bestreitet zunächst den Bestand der Forderung. Im Ergebnis gelingt es, einen Vergleich abzuschließen, wonach der S an den M zur Abgeltung aller Ansprüche einen Betrag i. H. v. 8.000,00 € zahlt. Dem S wird zugestanden, den Vergleichsbetrag in monatlichen Raten von 500,00 € zu zahlen.

R kann wie folgt abrechnen:

Gegenstandswert: € 10.000,00

1,3 Geschäftsgebühr, §§ 2, 13 RVG, Nr. 2300 VVRVG	798,30 €
1,5 Einigungsgebühr, §§ 2, 13 RVG, Nr. 1000 Ziff. 1 VVRVG	921,00 €
Post- und Telekommunikationspauschale Nr. 7002 VVRVG	20,00 €
Zwischensumme	1.739,30 €
19 % Umsatzsteuer Nr. 7008 VVRVG	330,45 €
SUMME	**2.069,77 €**

Da sich hier die Parteien unter Mitwirkung der Rechtsanwälte zunächst einmal über das Bestehen oder die Höhe des Anspruchs geeinigt haben und daneben noch eine Zahlungsvereinbarung getroffen wurde, berechnet sich der Gegenstandswert nach dem vollen Anspruch. Auch hier liegt ein Vertrag/Vergleich i. S. d. VV 1000 Ziffer 1 RVG vor. Damit ist § 31b RVG nicht anzuwenden.

VII. Erstattung der Kosten des Forderungsmanagements – Kostenerstattung – Doppelbeauftragung

Die notwendigen Kosten der Zwangsvollstreckung sind grundsätzlich vom Schuldner zu erstatten, § 788 ZPO. Notwendig war eine Zwangsvollstreckungsmaßnahme, wenn der Schuldner zum einen die Zwangsvollstreckung veranlasst hat und zum anderen der Gläubiger zum Zeitpunkt der Beauftragung die Maßnahme – auch wenn sie erfolglos blieb – objektiv für **erforderlich und notwendig** halten konnte.[46]

Die Kosten eines im Zwangsvollstreckungsverfahren geschlossenen **Vergleichs** sind in entsprechender Anwendung von § 98 Satz 1 ZPO als gegeneinander aufgehoben anzusehen, wenn nicht die Parteien etwas anderes vereinbart haben. § 98 ZPO ist auch auf eine Einigung der Parteien anzuwenden, die kein gegenseitiges Nachgeben enthält.[47]

Der Streit, ob die Kosten einer im Rahmen der Zwangsvollstreckung geschlossenen Ratenzahlungsvereinbarung als notwendige „Kosten der Zwangsvollstreckung i. S. d. § 91 ZPO" vom Gerichtsvollzieher im Rahmen eines Vollstreckungsauftrages einzufordern sind, ist beendet, wenn der Schuldner diese konkret in einer Vereinbarung übernimmt.[48] Deshalb sollte bereits in der Vereinbarung eine Regelung über die hieraus entstehenden Kosten getroffen werden.

Zwischenzeitlich herrschende Meinung: Bei Anwaltskosten für einen **Ratenzahlungsvergleich** zwischen dem Gläubiger und dem Schuldner handelt es sich um Kosten, die i. S. v. § 788 Abs. 1 Satz 1 ZPO notwendig waren.[49] Diese fallen dem Schuldner zur Last und sind zugleich mit dem zur Zwangsvollstreckung stehenden Anspruch beizutreiben. Eine Ratenzahlungsvereinbarung kann, da sie kein formbedürftiger Vertrag ist, auch mündlich getroffen werden.

Kosten einer Vorpfändung sind nur dann **erstattungsfähig**, wenn diese Vollstreckungsmaßnahme im konkreten Fall notwendig gewesen ist.[50] Hatte der

---

46 *Münzberg*, JurBüro, 1990, 780; *Johannsen* DGVZ 89, 2; LG Hannover, DGVZ 94, 172, LG Karlsruhe, MDR 94, 94; LG Hamburg, NJW 963, 1015
47 BGH, Beschl. v. 20.12.2006, VII ZB 54/06
48 Düsseldorf, Rpfleger 94, 264; OLG Köln DGVZ 83; BGH, Beschl. v. 24.01.2006, VII ZB 74/05
49 AG Hamburg-St. Georg, Beschl. v. 25.11.2014, 904 M 2297/14
50 Hans.OLG, Beschl. vom 08.11.1989, 8 W 403/89, JurBüro, 1990, 267

Schuldner ausreichend Zeit, die Forderung zu erfüllen, ist die Erstattungsfähigkeit gegeben.

Kostendeckelungen im Falle einer Doppelbeauftragung: Gemäß § 13c RDG kann der Gläubiger – bei Beauftragung sowohl eines Inkassodienstleisters als auch eines Rechtsanwalts zur Einziehung – die ihm dadurch entstehenden Kosten nur bis zu der Höhe als Schaden ersetzt verlangen, wie sie entstanden wären, wenn er nur einen Rechtsanwalt beauftragt hätte. Dies gilt für alle außergerichtlichen und gerichtlichen Aufträge. Nicht jedoch, wenn der Schuldner die Forderung erst nach der Beauftragung eines Inkassodienstleisters bestritten hat und das Bestreiten Anlass für die Beauftragung eines Rechtsanwalts gegeben hat.

Praxistipp
Teil- oder Ratenzahlungsvereinbarung

- Maßgeblich ist, dass der Abschluss einer Teil- oder Ratenzahlungsvereinbarung plausibel und für das Gericht nachvollziehbar dargelegt werden kann.
- Formulierungsvorschlag Kostenübernahme „Die für den Abschluss dieser Vereinbarung anfallende Vergütung gem. VVRVG Nr. 3309, Nr. 1000/1003 in Höhe von ... €, zzgl. Auslagen i. H. v. wird vom Schuldner anerkannt, getragen und wie folgt bezahlt ...".

Praxistipp
Verjährung der Vollstreckungskosten

Im Hinblick auf die dreijährige regelmäßige Verjährungsfrist, die auch für die Kosten der Zwangsvollstreckung gilt, sollte darauf geachtet werden, dass entweder die Festsetzung gemäß § 788 Abs. 2 ZPO rechtzeitig beantragt oder eine Maßnahme der Zwangsvollstreckung ausgebracht wird. Soll dies über den Gerichtsvollzieher erfolgen, ist stets im Formular nach der GVFV das Modul K4 anzukreuzen.

Anwaltsgebühren nach § 13 RVG

Wert bis ... €	0,30	0,45	0,50	0,65	0,70	0,75	0,80
für unbestrittene Inkassoforderungen bis 50 € Geschäftsgebühr			13,50	15,00			
Pauschale			2,70	3,00			
USt. 19 %			3,08	3,42			
Summe			19,28	21,42			
500	15,00	22,05	24,50	31,85	34,30	36,75	39,20
	3,00	4,41	4,90	6,37	6,86	7,35	7,84
	3,42	5,03	5,59	7,26	7,82	8,38	8,94
	21,42	31,49	34,99	45,48	48,98	52,48	55,98
1.000	26,40	39,60	44,00	57,20	61,60	66,00	70,40
	5,28	7,92	8,80	11,44	12,32	13,20	14,08
	6,02	9,03	10,03	13,04	14,04	15,05	16,05
	37,70	56,55	62,83	81,68	87,96	94,25	100,53
1.500	38,10	57,15	63,50	82,55	88,90	95,25	101,60
	7,62	11,43	12,70	16,51	17,78	19,05	20,00
	8,69	13,03	14,48	18,82	20,27	21,72	23,10
	54,41	81,61	90,68	117,88	126,95	136,02	144,70
2.000	49,80	74,70	83,00	107,90	116,20	124,50	132,80
	9,96	14,94	16,60	20,00	20,00	20,00	20,00
	11,35	17,03	18,92	24,30	25,88	27,46	29,03
	71,11	106,67	118,52	152,20	162,08	171,96	181,83
3.000	66,60	99,90	111,00	144,30	155,40	166,50	177,60
	13,32	19,98	20,00	20,00	20,00	20,00	20,00
	15,18	22,78	24,89	31,22	33,33	35,44	37,54
	95,10	142,66	155,89	195,52	208,73	221,94	235,14
4.000	83,40	125,10	139,00	180,70	194,60	208,50	222,40
	16,68	20,00	20,00	20,00	20,00	20,00	20,00
	19,02	27,57	30,21	38,13	40,77	43,42	46,06
	119,10	172,67	189,21	238,83	255,37	271,92	288,46
5.000	100,20	150,30	167,00	217,10	233,80	250,50	267,20
	20,00	20,00	20,00	20,00	20,00	20,00	20,00
	22,84	32,36	35,53	45,05	48,22	51,40	54,57
	143,04	202,66	222,53	282,15	302,02	321,90	341,77
6.000	117,00	175,50	195,00	253,50	273,00	292,50	312,00
	20,00	20,00	20,00	20,00	20,00	20,00	20,00
	26,03	37,15	40,85	51,97	55,67	59,38	63,08
	163,03	232,65	255,85	325,47	348,67	371,88	395,08
7.000	133,80	200,70	223,00	289,90	312,20	334,50	356,80
	20,00	20,00	20,00	20,00	20,00	20,00	20,00
	29,22	41,93	46,17	58,88	63,12	67,36	71,59
	183,02	262,63	289,17	368,78	395,32	421,86	448,39

Anwaltsgebühren nach § 13 RVG

Wert bis ... €	0,90	1,00	1,10	1,20	1,30	1,50	1,60
für unbestrittene Inkassoforderungen bis							
50 € Geschäftsgebühr	27,00	30,00			39,00		
Pauschale	5,40	6,00			7,80		
USt. 19 %	6,16	6,84			8,89		
Summe	38,56	42,84			55,69		
500	44,10	49,00	53,90	58,80	63,70	73,50	78,40
	8,82	9,80	10,78	11,76	12,74	14,70	15,68
	10,05	11,17	12,29	13,41	14,52	16,76	17,88
	62,97	69,97	76,97	83,97	90,96	104,96	111,96
1.000	79,20	88,00	96,80	105,60	114,40	132,00	140,80
	15,84	17,60	19,36	20,00	20,00	20,00	20,00
	18,06	20,06	22,07	23,86	25,54	28,88	30,55
	113,10	125,66	138,23	149,46	159,94	180,88	191,35
1.500	114,30	127,00	139,70	152,40	165,10	190,50	203,20
	20,00	20,00	20,00	20,00	20,00	20,00	20,00
	25,52	27,93	30,34	32,76	35,17	40,00	42,41
	159,82	174,93	190,04	205,16	220,27	250,50	265,61
2.000	149,40	166,00	182,60	199,20	215,80	249,00	265,60
	20,00	20,00	20,00	20,00	20,00	20,00	20,00
	32,19	35,34	38,49	41,65	44,80	51,11	54,26
	201,59	221,34	241,09	260,85	280,60	320,11	339,86
3.000	199,80	222,00	244,20	266,40	288,60	333,00	355,20
	20,00	20,00	20,00	20,00	20,00	20,00	20,00
	41,76	45,98	50,20	54,42	58,63	67,07	71,29
	261,56	287,98	314,40	340,82	367,23	420,07	446,49
4.000	250,20	278,00	305,80	333,60	361,40	417,00	444,80
	20,00	20,00	20,00	20,00	20,00	20,00	20,00
	51,34	56,62	61,90	67,18	72,47	83,03	88,31
	321,54	354,62	387,70	420,78	453,87	520,03	553,11
5.000	300,60	334,00	367,40	400,80	434,20	501,00	534,40
	20,00	20,00	20,00	20,00	20,00	20,00	20,00
	60,91	67,26	73,61	79,95	86,30	98,99	105,34
	381,51	421,26	461,01	500,75	540,50	619,99	659,74
6.000	351,00	390,00	429,00	468,00	507,00	585,00	624,00
	20,00	20,00	20,00	20,00	20,00	20,00	20,00
	70,49	77,90	85,31	92,72	100,13	114,95	122,36
	441,49	487,90	534,31	580,72	627,13	719,95	766,36
7.000	401,40	446,00	490,60	535,20	579,80	669,00	713,60
	20,00	20,00	20,00	20,00	20,00	20,00	20,00
	80,07	88,54	97,01	105,49	113,96	130,91	139,38
	501,47	554,54	607,61	660,69	713,76	819,91	872,98

Anwaltsgebühren nach § 13 RVG

Wert bis ... €	1,80	1,95	2,50	2,80	3,50	4,10	4,15
für unbestrittene Inkassoforderungen bis 50 € Geschäftsgebühr							
Pauschale							
USt. 19 %							
Summe							
500	88,20	95,55	122,50	137,20	171,50	200,90	203,35
	17,64	19,11	20,00	20,00	20,00	20,00	20,00
	20,11	21,79	27,08	29,87	36,39	41,97	42,44
	125,95	136,45	169,58	187,07	227,89	262,87	265,79
1.000	158,40	171,60	220,00	246,40	308,00	360,80	365,20
	20,00	20,00	20,00	20,00	20,00	20,00	20,00
	33,90	36,40	45,60	50,62	62,32	72,35	73,19
	212,30	228,00	285,60	317,02	390,32	453,15	458,39
1.500	228,60	247,65	317,50	355,60	444,50	520,70	527,05
	20,00	20,00	20,00	20,00	20,00	20,00	20,00
	47,23	50,85	64,13	71,36	88,26	102,73	103,94
	295,83	318,50	401,63	446,96	552,76	643,43	650,99
2.000	298,80	323,70	415,00	464,80	581,00	680,60	688,90
	20,00	20,00	20,00	20,00	20,00	20,00	20,00
	60,57	65,30	82,65	92,11	114,19	133,11	134,69
	379,37	409,00	517,65	576,91	715,19	833,71	843,59
3.000	399,60	432,90	555,00	621,60	777,00	910,20	921,30
	20,00	20,00	20,00	20,00	20,00	20,00	20,00
	79,72	86,05	109,25	121,90	151,43	176,74	178,85
	499,32	538,95	684,25	763,50	948,43	1.106,94	1.120,15
4.000	500,40	542,10	695,00	778,40	973,00	1.139,80	1.153,70
	20,00	20,00	20,00	20,00	20,00	20,00	20,00
	98,88	106,80	135,85	151,70	188,67	220,36	223,00
	619,28	668,90	850,85	950,10	1.181,67	1.380,16	1.396,70
5.000	601,20	651,30	835,00	935,20	1.169,00	1.369,40	1.386,10
	20,00	20,00	20,00	20,00	20,00	20,00	20,00
	118,03	127,55	162,45	181,49	225,91	263,99	267,16
	739,23	798,85	1.017,45	1.136,69	1.414,91	1.653,39	1.673,26
6.000	702,00	760,50	975,00	1.092,00	1.365,00	1.599,00	1.618,50
	20,00	20,00	20,00	20,00	20,00	20,00	20,00
	137,18	148,30	189,05	211,28	263,15	307,61	311,32
	859,18	928,80	1.184,05	1.323,28	1.648,15	1.926,61	1.949,82
7.000	802,80	869,70	1.115,00	1.248,80	1.561,00	1.828,60	1.850,90
	20,00	20,00	20,00	20,00	20,00	20,00	20,00
	156,33	169,04	215,65	241,07	300,39	351,23	355,47
	979,13	1.058,74	1.350,65	1.509,87	1.881,39	2.199,83	2.226,37

Anwaltsgebühren nach § 13 RVG

Wert bis ... €	0,30	0,45	0,50	0,65	0,70	0,75	0,80
8.000	150,60	225,90	251,00	326,30	351,40	376,50	401,60
	20,00	20,00	20,00	20,00	20,00	20,00	20,00
	32,41	46,72	51,49	65,80	70,57	75,34	80,10
	203,01	292,62	322,49	412,10	441,97	471,84	501,70
9.000	167,40	251,10	279,00	362,70	390,60	418,50	446,40
	20,00	20,00	20,00	20,00	20,00	20,00	20,00
	35,61	51,51	56,81	72,71	78,01	83,32	88,62
	223,01	322,61	355,81	455,41	488,61	521,82	555,02
10.000	184,20	276,30	307,00	399,10	429,80	460,50	491,20
	20,00	20,00	20,00	20,00	20,00	20,00	20,00
	38,80	56,30	62,13	79,63	85,46	91,30	97,13
	243,00	352,60	389,13	498,73	535,26	571,80	608,33
13.000	199,80	299,70	333,00	432,90	466,20	499,50	532,80
	20,00	20,00	20,00	20,00	20,00	20,00	20,00
	41,76	60,74	67,07	86,05	92,38	98,71	105,03
	261,56	380,44	420,07	538,95	578,58	618,21	657,83
16.000	215,40	323,10	359,00	466,70	502,60	538,50	574,40
	20,00	20,00	20,00	20,00	20,00	20,00	20,00
	44,73	65,19	72,01	92,47	99,29	106,12	112,94
	280,13	408,29	451,01	579,17	621,89	664,62	707,34
19.000	231,00	346,50	385,00	500,50	539,00	577,50	616,00
	20,00	20,00	20,00	20,00	20,00	20,00	20,00
	47,69	69,64	76,95	98,90	106,21	113,53	120,84
	298,69	436,14	481,95	619,40	665,21	711,03	756,84
22.000	246,60	369,90	411,00	534,30	575,40	616,50	657,60
	20,00	20,00	20,00	20,00	20,00	20,00	20,00
	50,65	74,08	81,89	105,32	113,13	120,94	128,74
	317,25	463,98	512,89	659,62	708,53	757,44	806,34
25.000	262,20	393,30	437,00	568,10	611,80	655,50	699,20
	20,00	20,00	20,00	20,00	20,00	20,00	20,00
	53,62	78,53	86,83	111,74	120,04	128,35	136,65
	335,82	491,83	543,83	699,84	751,84	803,85	855,85
30.000	286,50	429,75	477,50	620,75	668,50	716,25	764,00
	20,00	20,00	20,00	20,00	20,00	20,00	20,00
	58,24	85,45	94,53	121,74	130,82	139,89	148,96
	364,74	535,20	592,03	762,49	819,32	876,14	932,96
35.000	310,80	466,20	518,00	673,40	725,20	777,00	828,80
	20,00	20,00	20,00	20,00	20,00	20,00	20,00
	62,85	92,38	102,22	131,75	141,59	151,43	161,27
	393,65	578,58	640,22	825,15	886,79	948,43	1.010,07

Anwaltsgebühren nach § 13 RVG

Wert bis ... €	0,90	1,00	1,10	1,20	1,30	1,50	1,60
8.000	451,80	502,00	552,20	602,40	652,60	753,00	803,20
	20,00	20,00	20,00	20,00	20,00	20,00	20,00
	89,64	99,18	108,72	118,26	127,79	146,87	156,41
	561,44	621,18	680,92	740,66	800,39	919,87	979,61
9.000	502,20	558,00	613,80	669,60	725,40	837,00	892,80
	20,00	20,00	20,00	20,00	20,00	20,00	20,00
	99,22	109,82	120,42	131,02	141,63	162,83	173,43
	621,42	687,82	754,22	820,62	887,03	1.019,83	1.086,23
10.000	552,60	614,00	675,40	736,80	798,20	921,00	982,40
	20,00	20,00	20,00	20,00	20,00	20,00	20,00
	108,79	120,46	132,13	143,79	155,46	178,79	190,46
	681,39	754,46	827,53	900,59	973,66	1.119,79	1.192,86
13.000	599,40	666,00	732,60	799,20	865,80	999,00	1.065,60
	20,00	20,00	20,00	20,00	20,00	20,00	20,00
	117,69	130,34	142,99	155,65	168,30	193,61	206,26
	737,09	816,34	895,59	974,85	1.054,10	1.212,61	1.291,86
16.000	646,20	718,00	789,80	861,60	933,40	1.077,00	1.148,80
	20,00	20,00	20,00	20,00	20,00	20,00	20,00
	126,58	140,22	153,86	167,50	181,15	208,43	222,07
	792,78	878,22	963,66	1.049,10	1.134,55	1.305,43	1.390,87
19.000	693,00	770,00	847,00	924,00	1.001,00	1.155,00	1.232,00
	20,00	20,00	20,00	20,00	20,00	20,00	20,00
	135,47	150,10	164,73	179,36	193,99	223,25	237,88
	848,47	940,10	1.031,73	1.123,36	1.214,99	1.398,25	1.489,88
22.000	739,80	822,00	904,20	986,40	1.068,60	1.233,00	1.315,20
	20,00	20,00	20,00	20,00	20,00	20,00	20,00
	144,36	159,98	175,60	191,22	206,83	238,07	253,69
	904,16	1.001,98	1.099,80	1.197,62	1.295,43	1.491,07	1.588,89
25.000	786,60	874,00	961,40	1.048,80	1.136,20	1.311,00	1.398,40
	20,00	20,00	20,00	20,00	20,00	20,00	20,00
	153,25	169,86	186,47	203,07	219,68	252,89	269,50
	959,85	1.063,86	1.167,87	1.271,87	1.375,88	1.583,89	1.687,90
30.000	859,50	955,00	1.050,50	1.146,00	1.241,50	1.432,50	1.528,00
	20,00	20,00	20,00	20,00	20,00	20,00	20,00
	167,11	185,25	203,40	221,54	239,69	275,98	294,12
	1.046,61	1.160,25	1.273,90	1.387,54	1.501,19	1.728,48	1.842,12
35.000	932,40	1.036,00	1.139,60	1.243,20	1.346,80	1.554,00	1.657,60
	20,00	20,00	20,00	20,00	20,00	20,00	20,00
	180,96	200,64	220,32	240,01	259,69	299,06	318,74
	1.133,36	1.256,64	1.379,92	1.503,21	1.626,49	1.873,06	1.996,34

Anwaltsgebühren nach § 13 RVG

Wert bis ... €	1,80	1,95	2,50	2,80	3,50	4,10	4,15
8.000	903,60	978,90	1.255,00	1.405,60	1.757,00	2.058,20	2.083,30
	20,00	20,00	20,00	20,00	20,00	20,00	20,00
	175,48	189,79	242,25	270,86	337,63	394,86	399,63
	1.099,08	1.188,69	1.517,25	1.696,46	2.114,63	2.473,06	2.502,93
9.000	1.004,40	1.088,10	1.395,00	1.562,40	1.953,00	2.287,80	2.315,70
	20,00	20,00	20,00	20,00	20,00	20,00	20,00
	194,64	210,54	268,85	300,66	374,87	438,48	443,78
	1.219,04	1.318,64	1.683,85	1.883,06	2.347,87	2.746,28	2.779,48
10.000	1.105,20	1.197,30	1.535,00	1.719,20	2.149,00	2.517,40	2.548,10
	20,00	20,00	20,00	20,00	20,00	20,00	20,00
	213,79	231,29	295,45	330,45	412,11	482,11	487,94
	1.338,99	1.448,59	1.850,45	2.069,65	2.581,11	3.019,51	3.056,04
13.000	1.198,80	1.298,70	1.665,00	1.864,80	2.331,00	2.730,60	2.763,90
	20,00	20,00	20,00	20,00	20,00	20,00	20,00
	231,57	250,55	320,15	358,11	446,69	522,61	528,94
	1.450,37	1.569,25	2.005,15	2.242,91	2.797,69	3.273,21	3.312,84
16.000	1.292,40	1.400,10	1.795,00	2.010,40	2.513,00	2.943,80	2.979,70
	20,00	20,00	20,00	20,00	20,00	20,00	20,00
	249,36	269,82	344,85	385,78	481,27	563,12	569,94
	1.561,76	1.689,92	2.159,85	2.416,18	3.014,27	3.526,92	3.569,64
19.000	1.386,00	1.501,50	1.925,00	2.156,00	2.695,00	3.157,00	3.195,50
	20,00	20,00	20,00	20,00	20,00	20,00	20,00
	267,14	289,09	369,55	413,44	515,85	603,63	610,95
	1.673,14	1.810,59	2.314,55	2.589,44	3.230,85	3.780,63	3.826,45
22.000	1.479,60	1.602,90	2.055,00	2.301,60	2.877,00	3.370,20	3.411,30
	20,00	20,00	20,00	20,00	20,00	20,00	20,00
	284,92	308,35	394,25	441,10	550,43	644,14	651,95
	1.784,52	1.931,25	2.469,25	2.762,70	3.447,43	4.034,34	4.083,25
25.000	1.573,20	1.704,30	2.185,00	2.447,20	3.059,00	3.583,40	3.627,10
	20,00	20,00	20,00	20,00	20,00	20,00	20,00
	302,71	327,62	418,95	468,77	585,01	684,65	692,95
	1.895,91	2.051,92	2.623,95	2.935,97	3.664,01	4.288,05	4.340,05
30.000	1.719,00	1.862,25	2.387,50	2.674,00	3.342,50	3.915,50	3.963,25
	20,00	20,00	20,00	20,00	20,00	20,00	20,00
	330,41	357,63	457,43	511,86	638,88	747,75	756,82
	2.069,41	2.239,88	2.864,93	3.205,86	4.001,38	4.683,24	4.740,07
35.000	1.864,80	2.020,20	2.590,00	2.900,80	3.626,00	4.247,60	4.299,40
	20,00	20,00	20,00	20,00	20,00	20,00	20,00
	358,11	387,64	495,90	554,95	692,74	810,84	820,69
	2.242,91	2.427,84	3.105,90	3.475,75	4.338,74	5.078,44	5.140,09

Anwaltsgebühren nach § 13 RVG

Wert bis ... €	0,30	0,45	0,50	0,65	0,70	0,75	0,80
40.000	335,10	502,65	558,50	726,05	781,90	837,75	893,60
	20,00	20,00	20,00	20,00	20,00	20,00	20,00
	67,47	99,30	109,92	141,75	152,36	162,97	173,58
	422,57	621,95	688,42	887,80	954,26	1.020,72	1.087,18
45.000	359,40	539,10	599,00	778,70	838,60	898,50	958,40
	20,00	20,00	20,00	20,00	20,00	20,00	20,00
	72,09	106,23	117,61	151,75	163,13	174,52	185,90
	451,49	665,33	736,61	950,45	1.021,73	1.093,02	1.164,30
50.000	383,70	575,55	639,50	831,35	895,30	959,25	1.023,20
	20,00	20,00	20,00	20,00	20,00	20,00	20,00
	76,70	113,15	125,31	161,76	173,91	186,06	198,21
	480,40	708,70	784,81	1.013,11	1.089,21	1.165,31	1.241,41
65.000	411,90	617,85	686,50	892,45	961,10	1.029,75	1.098,40
	20,00	20,00	20,00	20,00	20,00	20,00	20,00
	82,06	121,19	134,24	173,37	186,41	199,45	212,50
	513,96	759,04	840,74	1.085,82	1.167,51	1.249,20	1.330,90
80.000	440,10	660,15	733,50	953,55	1.026,90	1.100,25	1.173,60
	20,00	20,00	20,00	20,00	20,00	20,00	20,00
	87,42	129,23	143,17	184,97	198,91	212,85	226,78
	547,52	809,38	896,67	1.158,52	1.245,81	1.333,10	1.420,38
95.000	468,30	702,45	780,50	1.014,65	1.092,70	1.170,75	1.248,80
	20,00	20,00	20,00	20,00	20,00	20,00	20,00
	92,78	137,27	152,10	196,58	211,41	226,24	241,07
	581,08	859,72	952,60	1.231,23	1.324,11	1.416,99	1.509,87
110.000	496,50	744,75	827,50	1.075,75	1.158,50	1.241,25	1.324,00
	20,00	20,00	20,00	20,00	20,00	20,00	20,00
	98,14	145,30	161,03	208,19	223,92	239,64	255,36
	614,64	910,05	1.008,53	1.303,94	1.402,42	1.500,89	1.599,36
125.000	524,70	787,05	874,50	1.136,85	1.224,30	1.311,75	1.399,20
	20,00	20,00	20,00	20,00	20,00	20,00	20,00
	103,49	153,34	169,96	219,80	236,42	253,03	269,65
	648,19	960,39	1.064,46	1.376,65	1.480,72	1.584,78	1.688,85
140.000	552,90	829,35	921,50	1.197,95	1.290,10	1.382,25	1.474,40
	20,00	20,00	20,00	20,00	20,00	20,00	20,00
	108,85	161,38	178,89	231,41	248,92	266,43	283,94
	681,75	1.010,73	1.120,39	1.449,36	1.559,02	1.668,68	1.778,34
155.000	581,10	871,65	968,50	1.259,05	1.355,90	1.452,75	1.549,60
	20,00	20,00	20,00	20,00	20,00	20,00	20,00
	114,21	169,41	187,82	243,02	261,42	279,82	298,22
	715,31	1.061,06	1.176,32	1.522,07	1.637,32	1.752,57	1.867,82

Anwaltsgebühren nach § 13 RVG

Wert bis ... €	0,90	1,00	1,10	1,20	1,30	1,50	1,60
40.000	1.005,30	1.117,00	1.228,70	1.340,40	1.452,10	1.675,50	1.787,20
	20,00	20,00	20,00	20,00	20,00	20,00	20,00
	194,81	216,03	237,25	258,48	279,70	322,15	343,37
	1.220,11	1.353,03	1.485,95	1.618,88	1.751,80	2.017,65	2.150,57
45.000	1.078,20	1.198,00	1.317,80	1.437,60	1.557,40	1.797,00	1.916,80
	20,00	20,00	20,00	20,00	20,00	20,00	20,00
	208,66	231,42	254,18	276,94	299,71	345,23	367,99
	1.306,86	1.449,42	1.591,98	1.734,54	1.877,11	2.162,23	2.304,79
50.000	1.151,10	1.279,00	1.406,90	1.534,80	1.662,70	1.918,50	2.046,40
	20,00	20,00	20,00	20,00	20,00	20,00	20,00
	222,51	246,81	271,11	295,41	319,71	368,32	392,62
	1.393,61	1.545,81	1.698,01	1.850,21	2.002,41	2.306,82	2.459,02
65.000	1.235,70	1.373,00	1.510,30	1.647,60	1.784,90	2.059,50	2.196,80
	20,00	20,00	20,00	20,00	20,00	20,00	20,00
	238,58	264,67	290,76	316,84	342,93	395,11	421,19
	1.494,28	1.657,67	1.821,06	1.984,44	2.147,83	2.474,61	2.637,99
80.000	1.320,30	1.467,00	1.613,70	1.760,40	1.907,10	2.200,50	2.347,20
	20,00	20,00	20,00	20,00	20,00	20,00	20,00
	254,66	282,53	310,40	338,28	366,15	421,90	449,77
	1.594,96	1.769,53	1.944,10	2.118,68	2.293,25	2.642,40	2.816,97
95.000	1.404,90	1.561,00	1.717,10	1.873,20	2.029,30	2.341,50	2.497,60
	20,00	20,00	20,00	20,00	20,00	20,00	20,00
	270,73	300,39	330,05	359,71	389,37	448,69	478,34
	1.695,63	1.881,39	2.067,15	2.252,91	2.438,67	2.810,19	2.995,94
110.000	1.489,50	1.655,00	1.820,50	1.986,00	2.151,50	2.482,50	2.648,00
	20,00	20,00	20,00	20,00	20,00	20,00	20,00
	286,81	318,25	349,70	381,14	412,59	475,48	506,92
	1.796,31	1.993,25	2.190,20	2.387,14	2.584,09	2.977,98	3.174,92
125.000	1.574,10	1.749,00	1.923,90	2.098,80	2.273,70	2.623,50	2.798,40
	20,00	20,00	20,00	20,00	20,00	20,00	20,00
	302,88	336,11	369,34	402,57	435,80	502,27	535,50
	1.896,98	2.105,11	2.313,24	2.521,37	2.729,50	3.145,77	3.353,90
140.000	1.658,70	1.843,00	2.027,30	2.211,60	2.395,90	2.764,50	2.948,80
	20,00	20,00	20,00	20,00	20,00	20,00	20,00
	318,95	353,97	388,99	424,00	459,02	529,06	564,07
	1.997,65	2.216,97	2.436,29	2.655,60	2.874,92	3.313,56	3.532,87
155.000	1.743,30	1.937,00	2.130,70	2.324,40	2.518,10	2.905,50	3.099,20
	20,00	20,00	20,00	20,00	20,00	20,00	20,00
	335,03	371,83	408,63	445,44	482,24	555,85	592,65
	2.098,33	2.328,83	2.559,33	2.789,84	3.020,34	3.481,35	3.711,85

Anwaltsgebühren nach § 13 RVG

Wert bis ... €	1,80	1,95	2,50	2,80	3,50	4,10	4,15
40.000	2.010,60	2.178,15	2.792,50	3.127,60	3.909,50	4.579,70	4.635,55
	20,00	20,00	20,00	20,00	20,00	20,00	20,00
	385,81	417,65	534,38	598,04	746,61	873,94	884,55
	2.416,41	2.615,80	3.346,88	3.745,64	4.676,11	5.473,64	5.540,10
45.000	2.156,40	2.336,10	2.995,00	3.354,40	4.193,00	4.911,80	4.971,70
	20,00	20,00	20,00	20,00	20,00	20,00	20,00
	413,52	447,66	572,85	641,14	800,47	937,04	948,42
	2.589,92	2.803,76	3.587,85	4.015,54	5.013,47	5.868,84	5.940,12
50.000	2.302,20	2.494,05	3.197,50	3.581,20	4.476,50	5.243,90	5.307,85
	20,00	20,00	20,00	20,00	20,00	20,00	20,00
	441,22	477,67	611,33	684,23	854,34	1.000,14	1.012,29
	2.763,42	2.991,72	3.828,83	4.285,43	5.350,84	6.264,04	6.340,14
65.000	2.471,40	2.677,35	3.432,50	3.844,40	4.805,50	5.629,30	5.697,95
	20,00	20,00	20,00	20,00	20,00	20,00	20,00
	473,37	512,50	655,98	734,24	916,85	1.073,37	1.086,41
	2.964,77	3.209,85	4.108,48	4.598,64	5.742,35	6.722,67	6.804,36
80.000	2.640,60	2.860,65	3.667,50	4.107,60	5.134,50	6.014,70	6.088,05
	20,00	20,00	20,00	20,00	20,00	20,00	20,00
	505,51	547,32	700,63	784,24	979,36	1.146,59	1.160,53
	3.166,11	3.427,97	4.388,13	4.911,84	6.133,86	7.181,29	7.268,58
95.000	2.809,80	3.043,95	3.902,50	4.370,80	5.463,50	6.400,10	6.478,15
	20,00	20,00	20,00	20,00	20,00	20,00	20,00
	537,66	582,15	745,28	834,25	1.041,87	1.219,82	1.234,65
	3.367,46	3.646,10	4.667,78	5.225,05	6.525,37	7.639,92	7.732,80
110.000	2.979,00	3.227,25	4.137,50	4.634,00	5.792,50	6.785,50	6.868,25
	20,00	20,00	20,00	20,00	20,00	20,00	20,00
	569,81	616,98	789,93	884,26	1.104,38	1.293,05	1.308,77
	3.568,81	3.864,23	4.947,43	5.538,26	6.916,88	8.098,55	8.197,02
125.000	3.148,20	3.410,55	4.372,50	4.897,20	6.121,50	7.170,90	7.258,35
	20,00	20,00	20,00	20,00	20,00	20,00	20,00
	601,96	651,80	834,58	934,27	1.166,89	1.366,27	1.382,89
	3.770,16	4.082,35	5.227,08	5.851,47	7.308,39	8.557,17	8.661,24
140.000	3.317,40	3.593,85	4.607,50	5.160,40	6.450,50	7.556,30	7.648,45
	20,00	20,00	20,00	20,00	20,00	20,00	20,00
	634,11	686,63	879,23	984,28	1.229,40	1.439,50	1.457,01
	3.971,51	4.300,48	5.506,73	6.164,68	7.699,90	9.015,80	9.125,46
155.000	3.486,60	3.777,15	4.842,50	5.423,60	6.779,50	7.941,70	8.038,55
	20,00	20,00	20,00	20,00	20,00	20,00	20,00
	666,25	721,46	923,88	1.034,28	1.291,91	1.512,72	1.531,12
	4.172,85	4.518,61	5.786,38	6.477,88	8.091,41	9.474,42	9.589,67

Anwaltsgebühren nach § 13 RVG

Wert bis ... €	0,30	0,45	0,50	0,65	0,70	0,75	0,80
170.000	609,30	913,95	1.015,50	1.320,15	1.421,70	1.523,25	1.624,80
	20,00	20,00	20,00	20,00	20,00	20,00	20,00
	119,57	177,45	196,75	254,63	273,92	293,22	312,51
	748,87	1.111,40	1.232,25	1.594,78	1.715,62	1.836,47	1.957,31
185.000	637,50	956,25	1.062,50	1.381,25	1.487,50	1.593,75	1.700,00
	20,00	20,00	20,00	20,00	20,00	20,00	20,00
	124,93	185,49	205,68	266,24	286,43	306,61	326,80
	782,43	1.161,74	1.288,18	1.667,49	1.793,93	1.920,36	2.046,80
200.000	665,70	998,55	1.109,50	1.442,35	1.553,30	1.664,25	1.775,20
	20,00	20,00	20,00	20,00	20,00	20,00	20,00
	130,28	193,52	214,61	277,85	298,93	320,01	341,09
	815,98	1.212,07	1.344,11	1.740,20	1.872,23	2.004,26	2.136,29
230.000	705,30	1.057,95	1.175,50	1.528,15	1.645,70	1.763,25	1.880,80
	20,00	20,00	20,00	20,00	20,00	20,00	20,00
	137,81	204,81	227,15	294,15	316,48	338,82	361,15
	863,11	1.282,76	1.422,65	1.842,30	1.982,18	2.122,07	2.261,95
260.000	744,90	1.117,35	1.241,50	1.613,95	1.738,10	1.862,25	1.986,40
	20,00	20,00	20,00	20,00	20,00	20,00	20,00
	145,33	216,10	239,69	310,45	334,04	357,63	381,22
	910,23	1.353,45	1.501,19	1.944,40	2.092,14	2.239,88	2.387,62
290.000	784,50	1.176,75	1.307,50	1.699,75	1.830,50	1.961,25	2.092,00
	20,00	20,00	20,00	20,00	20,00	20,00	20,00
	152,86	227,38	252,23	326,75	351,60	376,44	401,28
	957,36	1.424,13	1.579,73	2.046,50	2.202,10	2.357,69	2.513,28
320.000	824,10	1.236,15	1.373,50	1.785,55	1.922,90	2.060,25	2.197,60
	20,00	20,00	20,00	20,00	20,00	20,00	20,00
	160,38	238,67	264,77	343,05	369,15	395,25	421,34
	1.004,48	1.494,82	1.658,27	2.148,60	2.312,05	2.475,50	2.638,94
350.000	863,70	1.295,55	1.439,50	1.871,35	2.015,30	2.159,25	2.303,20
	20,00	20,00	20,00	20,00	20,00	20,00	20,00
	167,90	249,95	277,31	359,36	386,71	414,06	441,41
	1.051,60	1.565,50	1.736,81	2.250,71	2.422,01	2.593,31	2.764,61
380.000	903,30	1.354,95	1.505,50	1.957,15	2.107,70	2.258,25	2.408,80
	20,00	20,00	20,00	20,00	20,00	20,00	20,00
	175,43	261,24	289,85	375,66	404,26	432,87	461,47
	1.098,73	1.636,19	1.815,35	2.352,81	2.531,96	2.711,12	2.890,27
410.000	942,90	1.414,35	1.571,50	2.042,95	2.200,10	2.357,25	2.514,40
	20,00	20,00	20,00	20,00	20,00	20,00	20,00
	182,95	272,53	302,39	391,96	421,82	451,68	481,54
	1.145,85	1.706,88	1.893,89	2.454,91	2.641,92	2.828,93	3.015,94

Anwaltsgebühren nach § 13 RVG

Wert bis ... €	0,90	1,00	1,10	1,20	1,30	1,50	1,60
170.000	1.827,90	2.031,00	2.234,10	2.437,20	2.640,30	3.046,50	3.249,60
	20,00	20,00	20,00	20,00	20,00	20,00	20,00
	351,10	389,69	428,28	466,87	505,46	582,64	621,22
	2.199,00	2.440,69	2.682,38	2.924,07	3.165,76	3.649,14	3.890,82
185.000	1.912,50	2.125,00	2.337,50	2.550,00	2.762,50	3.187,50	3.400,00
	20,00	20,00	20,00	20,00	20,00	20,00	20,00
	367,18	407,55	447,93	488,30	528,68	609,43	649,80
	2.299,68	2.552,55	2.805,43	3.058,30	3.311,18	3.816,93	4.069,80
200.000	1.997,10	2.219,00	2.440,90	2.662,80	2.884,70	3.328,50	3.550,40
	20,00	20,00	20,00	20,00	20,00	20,00	20,00
	383,25	425,41	467,57	509,73	551,89	636,22	678,38
	2.400,35	2.664,41	2.928,47	3.192,53	3.456,59	3.984,72	4.248,78
230.000	2.115,90	2.351,00	2.586,10	2.821,20	3.056,30	3.526,50	3.761,60
	20,00	20,00	20,00	20,00	20,00	20,00	20,00
	405,82	450,49	495,16	539,83	584,50	673,84	718,50
	2.541,72	2.821,49	3.101,26	3.381,03	3.660,80	4.220,34	4.500,10
260.000	2.234,70	2.483,00	2.731,30	2.979,60	3.227,90	3.724,50	3.972,80
	20,00	20,00	20,00	20,00	20,00	20,00	20,00
	428,39	475,57	522,75	569,92	617,10	711,46	758,63
	2.683,09	2.978,57	3.274,05	3.569,52	3.865,00	4.455,96	4.751,43
290.000	2.353,50	2.615,00	2.876,50	3.138,00	3.399,50	3.922,50	4.184,00
	20,00	20,00	20,00	20,00	20,00	20,00	20,00
	450,97	500,65	550,34	600,02	649,71	749,08	798,76
	2.824,47	3.135,65	3.446,84	3.758,02	4.069,21	4.691,58	5.002,76
320.000	2.472,30	2.747,00	3.021,70	3.296,40	3.571,10	4.120,50	4.395,20
	20,00	20,00	20,00	20,00	20,00	20,00	20,00
	473,54	525,73	577,92	630,12	682,31	786,70	838,89
	2.965,84	3.292,73	3.619,62	3.946,52	4.273,41	4.927,20	5.254,09
350.000	2.591,10	2.879,00	3.166,90	3.454,80	3.742,70	4.318,50	4.606,40
	20,00	20,00	20,00	20,00	20,00	20,00	20,00
	496,11	550,81	605,51	660,21	714,91	824,32	879,02
	3.107,21	3.449,81	3.792,41	4.135,01	4.477,61	5.162,82	5.505,42
380.000	2.709,90	3.011,00	3.312,10	3.613,20	3.914,30	4.516,50	4.817,60
	20,00	20,00	20,00	20,00	20,00	20,00	20,00
	518,68	575,89	633,10	690,31	747,52	861,94	919,14
	3.248,58	3.606,89	3.965,20	4.323,51	4.681,82	5.398,44	5.756,74
410.000	2.828,70	3.143,00	3.457,30	3.771,60	4.085,90	4.714,50	5.028,80
	20,00	20,00	20,00	20,00	20,00	20,00	20,00
	541,25	600,97	660,69	720,40	780,12	899,56	959,27
	3.389,95	3.763,97	4.137,99	4.512,00	4.886,02	5.634,06	6.008,07

Anwaltsgebühren nach § 13 RVG

Wert bis ... €	1,80	1,95	2,50	2,80	3,50	4,10	4,15
170.000	3.655,80	3.960,45	5.077,50	5.686,80	7.108,50	8.327,10	8.428,65
	20,00	20,00	20,00	20,00	20,00	20,00	20,00
	698,40	756,29	968,53	1.084,29	1.354,42	1.585,95	1.605,24
	4.374,20	4.736,74	6.066,03	6.791,09	8.482,92	9.933,05	10.053,89
185.000	3.825,00	4.143,75	5.312,50	5.950,00	7.437,50	8.712,50	8.818,75
	20,00	20,00	20,00	20,00	20,00	20,00	20,00
	730,55	791,11	1.013,18	1.134,30	1.416,93	1.659,18	1.679,36
	4.575,55	4.954,86	6.345,68	7.104,30	8.874,43	10.391,68	10.518,11
200.000	3.994,20	4.327,05	5.547,50	6.213,20	7.766,50	9.097,90	9.208,85
	20,00	20,00	20,00	20,00	20,00	20,00	20,00
	762,70	825,94	1.057,83	1.184,31	1.479,44	1.732,40	1.753,48
	4.776,90	5.172,99	6.625,33	7.417,51	9.265,94	10.850,30	10.982,33
230.000	4.231,80	4.584,45	5.877,50	6.582,80	8.228,50	9.639,10	9.756,65
	20,00	20,00	20,00	20,00	20,00	20,00	20,00
	807,84	874,85	1.120,53	1.254,53	1.567,22	1.835,23	1.857,56
	5.059,64	5.479,30	7.018,03	7.857,33	9.815,72	11.494,33	11.634,21
260.000	4.469,40	4.841,85	6.207,50	6.952,40	8.690,50	10.180,30	10.304,45
	20,00	20,00	20,00	20,00	20,00	20,00	20,00
	852,99	923,75	1.183,23	1.324,76	1.655,00	1.938,06	1.961,65
	5.342,39	5.785,60	7.410,73	8.297,16	10.365,50	12.138,36	12.286,10
290.000	4.707,00	5.099,25	6.537,50	7.322,00	9.152,50	10.721,50	10.852,25
	20,00	20,00	20,00	20,00	20,00	20,00	20,00
	898,13	972,66	1.245,93	1.394,98	1.742,78	2.040,89	2.065,73
	5.625,13	6.091,91	7.803,43	8.736,98	10.915,28	12.782,39	12.937,98
320.000	4.944,60	5.356,65	6.867,50	7.691,60	9.614,50	11.262,70	11.400,05
	20,00	20,00	20,00	20,00	20,00	20,00	20,00
	943,27	1.021,56	1.308,63	1.465,20	1.830,56	2.143,71	2.169,81
	5.907,87	6.398,21	8.196,13	9.176,80	11.465,06	13.426,41	13.589,86
350.000	5.182,20	5.614,05	7.197,50	8.061,20	10.076,50	11.803,90	11.947,85
	20,00	20,00	20,00	20,00	20,00	20,00	20,00
	988,42	1.070,47	1.371,33	1.535,43	1.918,34	2.246,54	2.273,89
	6.190,62	6.704,52	8.588,83	9.616,63	12.014,84	14.070,44	14.241,74
380.000	5.419,80	5.871,45	7.527,50	8.430,80	10.538,50	12.345,10	12.495,65
	20,00	20,00	20,00	20,00	20,00	20,00	20,00
	1.033,56	1.119,38	1.434,03	1.605,65	2.006,12	2.349,37	2.377,97
	6.473,36	7.010,83	8.981,53	10.056,45	12.564,62	14.714,47	14.893,62
410.000	5.657,40	6.128,85	7.857,50	8.800,40	11.000,50	12.886,30	13.043,45
	20,00	20,00	20,00	20,00	20,00	20,00	20,00
	1.078,71	1.168,28	1.496,73	1.675,88	2.093,90	2.452,20	2.482,06
	6.756,11	7.317,13	9.374,23	10.496,28	13.114,40	15.358,50	15.545,51

Anwaltsgebühren nach § 13 RVG

Wert bis ... €	0,30	0,45	0,50	0,65	0,70	0,75	0,80
440.000	982,50	1.473,75	1.637,50	2.128,75	2.292,50	2.456,25	2.620,00
	20,00	20,00	20,00	20,00	20,00	20,00	20,00
	190,48	283,81	314,93	408,26	439,38	470,49	501,60
	1.192,98	1.777,56	1.972,43	2.557,01	2.751,88	2.946,74	3.141,60
470.000	1.022,10	1.533,15	1.703,50	2.214,55	2.384,90	2.555,25	2.725,60
	20,00	20,00	20,00	20,00	20,00	20,00	20,00
	198,00	295,10	327,47	424,56	456,93	489,30	521,66
	1.240,10	1.848,25	2.050,97	2.659,11	2.861,83	3.064,55	3.267,26
500.000	1.061,70	1.592,55	1.769,50	2.300,35	2.477,30	2.654,25	2.831,20
	20,00	20,00	20,00	20,00	20,00	20,00	20,00
	205,52	306,38	340,01	440,87	474,49	508,11	541,73
	1.287,22	1.918,93	2.129,51	2.761,22	2.971,79	3.182,36	3.392,93
550.000	1.111,20	1.666,80	1.852,00	2.407,60	2.592,80	2.778,00	2.963,20
	20,00	20,00	20,00	20,00	20,00	20,00	20,00
	214,93	320,49	355,68	461,24	496,43	531,62	566,81
	1.346,13	2.007,29	2.227,68	2.888,84	3.109,23	3.329,62	3.550,01
600.000	1.160,70	1.741,05	1.934,50	2.514,85	2.708,30	2.901,75	3.095,20
	20,00	20,00	20,00	20,00	20,00	20,00	20,00
	224,33	334,60	371,36	481,62	518,38	555,13	591,89
	1.405,03	2.095,65	2.325,86	3.016,47	3.246,68	3.476,88	3.707,09
650.000	1.210,20	1.815,30	2.017,00	2.622,10	2.823,80	3.025,50	3.227,20
	20,00	20,00	20,00	20,00	20,00	20,00	20,00
	233,74	348,71	387,03	502,00	540,32	578,65	616,97
	1.463,94	2.184,01	2.424,03	3.144,10	3.384,12	3.624,15	3.864,17
700.000	1.259,70	1.889,55	2.099,50	2.729,35	2.939,30	3.149,25	3.359,20
	20,00	20,00	20,00	20,00	20,00	20,00	20,00
	243,14	362,81	402,71	522,38	562,27	602,16	642,05
	1.522,84	2.272,36	2.522,21	3.271,73	3.521,57	3.771,41	4.021,25
750.000	1.309,20	1.963,80	2.182,00	2.836,60	3.054,80	3.273,00	3.491,20
	20,00	20,00	20,00	20,00	20,00	20,00	20,00
	252,55	376,92	418,38	542,75	584,21	625,67	667,13
	1.581,75	2.360,72	2.620,38	3.399,35	3.659,01	3.918,67	4.178,33
800.000	1.358,70	2.038,05	2.264,50	2.943,85	3.170,30	3.396,75	3.623,20
	20,00	20,00	20,00	20,00	20,00	20,00	20,00
	261,95	391,03	434,06	563,13	606,16	649,18	692,21
	1.640,65	2.449,08	2.718,56	3.526,98	3.796,46	4.065,93	4.335,41
850.000	1.408,20	2.112,30	2.347,00	3.051,10	3.285,80	3.520,50	3.755,20
	20,00	20,00	20,00	20,00	20,00	20,00	20,00
	271,36	405,14	449,73	583,51	628,10	672,70	717,29
	1.699,56	2.537,44	2.816,73	3.654,61	3.933,90	4.213,20	4.492,49

Anwaltsgebühren nach § 13 RVG

Wert bis ... €	0,90	1,00	1,10	1,20	1,30	1,50	1,60
440.000	2.947,50	3.275,00	3.602,50	3.930,00	4.257,50	4.912,50	5.240,00
	20,00	20,00	20,00	20,00	20,00	20,00	20,00
	563,83	626,05	688,28	750,50	812,73	937,18	999,40
	3.531,33	3.921,05	4.310,78	4.700,50	5.090,23	5.869,68	6.259,40
470.000	3.066,30	3.407,00	3.747,70	4.088,40	4.429,10	5.110,50	5.451,20
	20,00	20,00	20,00	20,00	20,00	20,00	20,00
	586,40	651,13	715,86	780,60	845,33	974,80	1.039,53
	3.672,70	4.078,13	4.483,56	4.889,00	5.294,43	6.105,30	6.510,73
500.000	3.185,10	3.539,00	3.892,90	4.246,80	4.600,70	5.308,50	5.662,40
	20,00	20,00	20,00	20,00	20,00	20,00	20,00
	608,97	676,21	743,45	810,69	877,93	1.012,42	1.079,66
	3.814,07	4.235,21	4.656,35	5.077,49	5.498,63	6.340,92	6.762,06
550.000	3.333,60	3.704,00	4.074,40	4.444,80	4.815,20	5.556,00	5.926,40
	20,00	20,00	20,00	20,00	20,00	20,00	20,00
	637,18	707,56	777,94	848,31	918,69	1.059,44	1.129,82
	3.990,78	4.431,56	4.872,34	5.313,11	5.753,89	6.635,44	7.076,22
600.000	3.482,10	3.869,00	4.255,90	4.642,80	5.029,70	5.803,50	6.190,40
	20,00	20,00	20,00	20,00	20,00	20,00	20,00
	665,40	738,91	812,42	885,93	959,44	1.106,47	1.179,98
	4.167,50	4.627,91	5.088,32	5.548,73	6.009,14	6.929,97	7.390,38
650.000	3.630,60	4.034,00	4.437,40	4.840,80	5.244,20	6.051,00	6.454,40
	20,00	20,00	20,00	20,00	20,00	20,00	20,00
	693,61	770,26	846,91	923,55	1.000,20	1.153,49	1.230,14
	4.344,21	4.824,26	5.304,31	5.784,35	6.264,40	7.224,49	7.704,54
700.000	3.779,10	4.199,00	4.618,90	5.038,80	5.458,70	6.298,50	6.718,40
	20,00	20,00	20,00	20,00	20,00	20,00	20,00
	721,83	801,61	881,39	961,17	1.040,95	1.200,52	1.280,30
	4.520,93	5.020,61	5.520,29	6.019,97	6.519,65	7.519,02	8.018,70
750.000	3.927,60	4.364,00	4.800,40	5.236,80	5.673,20	6.546,00	6.982,40
	20,00	20,00	20,00	20,00	20,00	20,00	20,00
	750,04	832,96	915,88	998,79	1.081,71	1.247,54	1.330,46
	4.697,64	5.216,96	5.736,28	6.255,59	6.774,91	7.813,54	8.332,86
800.000	4.076,10	4.529,00	4.981,90	5.434,80	5.887,70	6.793,50	7.246,40
	20,00	20,00	20,00	20,00	20,00	20,00	20,00
	778,26	864,31	950,36	1.036,41	1.122,46	1.294,57	1.380,62
	4.874,36	5.413,31	5.952,26	6.491,21	7.030,16	8.108,07	8.647,02
850.000	4.224,60	4.694,00	5.163,40	5.632,80	6.102,20	7.041,00	7.510,40
	20,00	20,00	20,00	20,00	20,00	20,00	20,00
	806,47	895,66	984,85	1.074,03	1.163,22	1.341,59	1.430,78
	5.051,07	5.609,66	6.168,25	6.726,83	7.285,42	8.402,59	8.961,18

Anwaltsgebühren nach § 13 RVG

Wert bis ... €	1,80	1,95	2,50	2,80	3,50	4,10	4,15
440.000	5.895,00	6.386,25	8.187,50	9.170,00	11.462,50	13.427,50	13.591,25
	20,00	20,00	20,00	20,00	20,00	20,00	20,00
	1.123,85	1.217,19	1.559,43	1.746,10	2.181,68	2.555,03	2.586,14
	7.038,85	7.623,44	9.766,93	10.936,10	13.664,18	16.002,53	16.197,39
470.000	6.132,60	6.643,65	8.517,50	9.539,60	11.924,50	13.968,70	14.139,05
	20,00	20,00	20,00	20,00	20,00	20,00	20,00
	1.168,99	1.266,09	1.622,13	1.816,32	2.269,46	2.657,85	2.690,22
	7.321,59	7.929,74	10.159,63	11.375,92	14.213,96	16.646,55	16.849,27
500.000	6.370,20	6.901,05	8.847,50	9.909,20	12.386,50	14.509,90	14.686,85
	20,00	20,00	20,00	20,00	20,00	20,00	20,00
	1.214,14	1.315,00	1.684,83	1.886,55	2.357,24	2.760,68	2.794,30
	7.604,34	8.236,05	10.552,33	11.815,75	14.763,74	17.290,58	17.501,15
550.000	6.667,20	7.222,80	9.260,00	10.371,20	12.964,00	15.186,40	15.371,60
	20,00	20,00	20,00	20,00	20,00	20,00	20,00
	1.270,57	1.376,13	1.763,20	1.974,33	2.466,96	2.889,22	2.924,40
	7.957,77	8.618,93	11.043,20	12.365,53	15.450,96	18.095,62	18.316,00
600.000	6.964,20	7.544,55	9.672,50	10.833,20	13.541,50	15.862,90	16.056,35
	20,00	20,00	20,00	20,00	20,00	20,00	20,00
	1.327,00	1.437,26	1.841,58	2.062,11	2.576,69	3.017,75	3.054,51
	8.311,20	9.001,81	11.534,08	12.915,31	16.138,19	18.900,65	19.130,86
650.000	7.261,20	7.866,30	10.085,00	11.295,20	14.119,00	16.539,40	16.741,10
	20,00	20,00	20,00	20,00	20,00	20,00	20,00
	1.383,43	1.498,40	1.919,95	2.149,89	2.686,41	3.146,29	3.184,61
	8.664,63	9.384,70	12.024,95	13.465,09	16.825,41	19.705,69	19.945,71
700.000	7.558,20	8.188,05	10.497,50	11.757,20	14.696,50	17.215,90	17.425,85
	20,00	20,00	20,00	20,00	20,00	20,00	20,00
	1.439,86	1.559,53	1.998,33	2.237,67	2.796,14	3.274,82	3.314,71
	9.018,06	9.767,58	12.515,83	14.014,87	17.512,64	20.510,72	20.760,56
750.000	7.855,20	8.509,80	10.910,00	12.219,20	15.274,00	17.892,40	18.110,60
	20,00	20,00	20,00	20,00	20,00	20,00	20,00
	1.496,29	1.620,66	2.076,70	2.325,45	2.905,86	3.403,36	3.444,81
	9.371,49	10.150,46	13.006,70	14.564,65	18.199,86	21.315,76	21.575,41
800.000	8.152,20	8.831,55	11.322,50	12.681,20	15.851,50	18.568,90	18.795,35
	20,00	20,00	20,00	20,00	20,00	20,00	20,00
	1.552,72	1.681,79	2.155,08	2.413,23	3.015,59	3.531,89	3.574,92
	9.724,92	10.533,34	13.497,58	15.114,43	18.887,09	22.120,79	22.390,27
850.000	8.449,20	9.153,30	11.735,00	13.143,20	16.429,00	19.245,40	19.480,10
	20,00	20,00	20,00	20,00	20,00	20,00	20,00
	1.609,15	1.742,93	2.233,45	2.501,01	3.125,31	3.660,43	3.705,02
	10.078,35	10.916,23	13.988,45	15.664,21	19.574,31	22.925,83	23.205,12

Anwaltsgebühren nach § 13 RVG

Wert bis ... €	0,30	0,45	0,50	0,65	0,70	0,75	0,80
900.000	1.457,70	2.186,55	2.429,50	3.158,35	3.401,30	3.644,25	3.887,20
	20,00	20,00	20,00	20,00	20,00	20,00	20,00
	280,76	419,24	465,41	603,89	650,05	696,21	742,37
	1.758,46	2.625,79	2.914,91	3.782,24	4.071,35	4.360,46	4.649,57
950.000	1.507,20	2.260,80	2.512,00	3.265,60	3.516,80	3.768,00	4.019,20
	20,00	20,00	20,00	20,00	20,00	20,00	20,00
	290,17	433,35	481,08	624,26	671,99	719,72	767,45
	1.817,37	2.714,15	3.013,08	3.909,86	4.208,79	4.507,72	4.806,65
1.000.000	1.556,70	2.335,05	2.594,50	3.372,85	3.632,30	3.891,75	4.151,20
	20,00	20,00	20,00	20,00	20,00	20,00	20,00
	299,57	447,46	496,76	644,64	693,94	743,23	792,53
	1.876,27	2.802,51	3.111,26	4.037,49	4.346,24	4.654,98	4.963,73
1.050.000	1.606,20	2.409,30	2.677,00	3.480,10	3.747,80	4.015,50	4.283,20
	20,00	20,00	20,00	20,00	20,00	20,00	20,00
	308,98	461,57	512,43	665,02	715,88	766,75	817,61
	1.935,18	2.890,87	3.209,43	4.165,12	4.483,68	4.802,25	5.120,81
1.100.000	1.655,70	2.483,55	2.759,50	3.587,35	3.863,30	4.139,25	4.415,20
	20,00	20,00	20,00	20,00	20,00	20,00	20,00
	318,38	475,67	528,11	685,40	737,83	790,26	842,69
	1.994,08	2.979,22	3.307,61	4.292,75	4.621,13	4.949,51	5.277,89
1.150.000	1.705,20	2.557,80	2.842,00	3.694,60	3.978,80	4.263,00	4.547,20
	20,00	20,00	20,00	20,00	20,00	20,00	20,00
	327,79	489,78	543,78	705,77	759,77	813,77	867,77
	2.052,99	3.067,58	3.405,78	4.420,37	4.758,57	5.096,77	5.434,97
1.200.000	1.754,70	2.632,05	2.924,50	3.801,85	4.094,30	4.386,75	4.679,20
	20,00	20,00	20,00	20,00	20,00	20,00	20,00
	337,19	503,89	559,46	726,15	781,72	837,28	892,85
	2.111,89	3.155,94	3.503,96	4.548,00	4.896,02	5.244,03	5.592,05
1.250.000	1.804,20	2.706,30	3.007,00	3.909,10	4.209,80	4.510,50	4.811,20
	20,00	20,00	20,00	20,00	20,00	20,00	20,00
	346,60	518,00	575,13	746,53	803,66	860,80	917,93
	2.170,80	3.244,30	3.602,13	4.675,63	5.033,46	5.391,30	5.749,13
1.300.000	1.853,70	2.780,55	3.089,50	4.016,35	4.325,30	4.634,25	4.943,20
	20,00	20,00	20,00	20,00	20,00	20,00	20,00
	356,00	532,10	590,81	766,91	825,61	884,31	943,01
	2.229,70	3.332,65	3.700,31	4.803,26	5.170,91	5.538,56	5.906,21
1.350.000	1.903,20	2.854,80	3.172,00	4.123,60	4.440,80	4.758,00	5.075,20
	20,00	20,00	20,00	20,00	20,00	20,00	20,00
	365,41	546,21	606,48	787,28	847,55	907,82	968,09
	2.288,61	3.421,01	3.798,48	4.930,88	5.308,35	5.685,82	6.063,29

Anwaltsgebühren nach § 13 RVG

Wert bis ... €	0,90	1,00	1,10	1,20	1,30	1,50	1,60
900.000	4.373,10	4.859,00	5.344,90	5.830,80	6.316,70	7.288,50	7.774,40
	20,00	20,00	20,00	20,00	20,00	20,00	20,00
	834,69	927,01	1.019,33	1.111,65	1.203,97	1.388,62	1.480,94
	5.227,79	5.806,01	6.384,23	6.962,45	7.540,67	8.697,12	9.275,34
950.000	4.521,60	5.024,00	5.526,40	6.028,80	6.531,20	7.536,00	8.038,40
	20,00	20,00	20,00	20,00	20,00	20,00	20,00
	862,90	958,36	1.053,82	1.149,27	1.244,73	1.435,64	1.531,10
	5.404,50	6.002,36	6.600,22	7.198,07	7.795,93	8.991,64	9.589,50
1.000.000	4.670,10	5.189,00	5.707,90	6.226,80	6.745,70	7.783,50	8.302,40
	20,00	20,00	20,00	20,00	20,00	20,00	20,00
	891,12	989,71	1.088,30	1.186,89	1.285,48	1.482,67	1.581,26
	5.581,22	6.198,71	6.816,20	7.433,69	8.051,18	9.286,17	9.903,66
1.050.000	4.818,60	5.354,00	5.889,40	6.424,80	6.960,20	8.031,00	8.566,40
	20,00	20,00	20,00	20,00	20,00	20,00	20,00
	919,33	1.021,06	1.122,79	1.224,51	1.326,24	1.529,69	1.631,42
	5.757,93	6.395,06	7.032,19	7.669,31	8.306,44	9.580,69	10.217,82
1.100.000	4.967,10	5.519,00	6.070,90	6.622,80	7.174,70	8.278,50	8.830,40
	20,00	20,00	20,00	20,00	20,00	20,00	20,00
	947,55	1.052,41	1.157,27	1.262,13	1.366,99	1.576,72	1.681,58
	5.934,65	6.591,41	7.248,17	7.904,93	8.561,69	9.875,22	10.531,98
1.150.000	5.115,60	5.684,00	6.252,40	6.820,80	7.389,20	8.526,00	9.094,40
	20,00	20,00	20,00	20,00	20,00	20,00	20,00
	975,76	1.083,76	1.191,76	1.299,75	1.407,75	1.623,74	1.731,74
	6.111,36	6.787,76	7.464,16	8.140,55	8.816,95	10.169,74	10.846,14
1.200.000	5.264,10	5.849,00	6.433,90	7.018,80	7.603,70	8.773,50	9.358,40
	20,00	20,00	20,00	20,00	20,00	20,00	20,00
	1.003,98	1.115,11	1.226,24	1.337,37	1.448,50	1.670,77	1.781,90
	6.288,08	6.984,11	7.680,14	8.376,17	9.072,20	10.464,27	11.160,30
1.250.000	5.412,60	6.014,00	6.615,40	7.216,80	7.818,20	9.021,00	9.622,40
	20,00	20,00	20,00	20,00	20,00	20,00	20,00
	1.032,19	1.146,46	1.260,73	1.374,99	1.489,26	1.717,79	1.832,06
	6.464,79	7.180,46	7.896,13	8.611,79	9.327,46	10.758,79	11.474,46
1.300.000	5.561,10	6.179,00	6.796,90	7.414,80	8.032,70	9.268,50	9.886,40
	20,00	20,00	20,00	20,00	20,00	20,00	20,00
	1.060,41	1.177,81	1.295,21	1.412,61	1.530,01	1.764,82	1.882,22
	6.641,51	7.376,81	8.112,11	8.847,41	9.582,71	11.053,32	11.788,62
1.350.000	5.709,60	6.344,00	6.978,40	7.612,80	8.247,20	9.516,00	10.150,40
	20,00	20,00	20,00	20,00	20,00	20,00	20,00
	1.088,62	1.209,16	1.329,70	1.450,23	1.570,77	1.811,84	1.932,38
	6.818,22	7.573,16	8.328,10	9.083,03	9.837,97	11.347,84	12.102,78

Anwaltsgebühren nach § 13 RVG

Wert bis ... €	1,80	1,95	2,50	2,80	3,50	4,10	4,15
900.000	8.746,20	9.475,05	12.147,50	13.605,20	17.006,50	19.921,90	20.164,85
	20,00	20,00	20,00	20,00	20,00	20,00	20,00
	1.665,58	1.804,06	2.311,83	2.588,79	3.235,04	3.788,96	3.835,12
	10.431,78	11.299,11	14.479,33	16.213,99	20.261,54	23.730,86	24.019,97
950.000	9.043,20	9.796,80	12.560,00	14.067,20	17.584,00	20.598,40	20.849,60
	20,00	20,00	20,00	20,00	20,00	20,00	20,00
	1.722,01	1.865,19	2.390,20	2.676,57	3.344,76	3.917,50	3.965,22
	10.785,21	11.681,99	14.970,20	16.763,77	20.948,76	24.535,90	24.834,82
1.000.000	9.340,20	10.118,55	12.972,50	14.529,20	18.161,50	21.274,90	21.534,35
	20,00	20,00	20,00	20,00	20,00	20,00	20,00
	1.778,44	1.926,32	2.468,58	2.764,35	3.454,49	4.046,03	4.095,33
	11.138,64	12.064,87	15.461,08	17.313,55	21.635,99	25.340,93	25.649,68
1.050.000	9.637,20	10.440,30	13.385,00	14.991,20	18.739,00	21.951,40	22.219,10
	20,00	20,00	20,00	20,00	20,00	20,00	20,00
	1.834,87	1.987,46	2.546,95	2.852,13	3.564,21	4.174,57	4.225,43
	11.492,07	12.447,76	15.951,95	17.863,33	22.323,21	26.145,97	26.464,53
1.100.000	9.934,20	10.762,05	13.797,50	15.453,20	19.316,50	22.627,90	22.903,85
	20,00	20,00	20,00	20,00	20,00	20,00	20,00
	1.891,30	2.048,59	2.625,33	2.939,91	3.673,94	4.303,10	4.355,53
	11.845,50	12.830,64	16.442,83	18.413,11	23.010,44	26.951,00	27.279,38
1.150.000	10.231,20	11.083,80	14.210,00	15.915,20	19.894,00	23.304,40	23.588,60
	20,00	20,00	20,00	20,00	20,00	20,00	20,00
	1.947,73	2.109,72	2.703,70	3.027,69	3.783,66	4.431,64	4.485,63
	12.198,93	13.213,52	16.933,70	18.962,89	23.697,66	27.756,04	28.094,23
1.200.000	10.528,20	11.405,55	14.622,50	16.377,20	20.471,50	23.980,90	24.273,35
	20,00	20,00	20,00	20,00	20,00	20,00	20,00
	2.004,16	2.170,85	2.782,08	3.115,47	3.893,39	4.560,17	4.615,74
	12.552,36	13.596,40	17.424,58	19.512,67	24.384,89	28.561,07	28.909,09
1.250.000	10.825,20	11.727,30	15.035,00	16.839,20	21.049,00	24.657,40	24.958,10
	20,00	20,00	20,00	20,00	20,00	20,00	20,00
	2.060,59	2.231,99	2.860,45	3.203,25	4.003,11	4.688,71	4.745,84
	12.905,79	13.979,29	17.915,45	20.062,45	25.072,11	29.366,11	29.723,94
1.300.000	11.122,20	12.049,05	15.447,50	17.301,20	21.626,50	25.333,90	25.642,85
	20,00	20,00	20,00	20,00	20,00	20,00	20,00
	2.117,02	2.293,12	2.938,83	3.291,03	4.112,84	4.817,24	4.875,94
	13.259,22	14.362,17	18.406,33	20.612,23	25.759,34	30.171,14	30.538,79
1.350.000	11.419,20	12.370,80	15.860,00	17.763,20	22.204,00	26.010,40	26.327,60
	20,00	20,00	20,00	20,00	20,00	20,00	20,00
	2.173,45	2.354,25	3.017,20	3.378,81	4.222,56	4.945,78	5.006,04
	13.612,65	14.745,05	18.897,20	21.162,01	26.446,56	30.976,18	31.353,64

Anwaltsgebühren nach § 13 RVG

Wert bis ... €	0,30	0,45	0,50	0,65	0,70	0,75	0,80
1.400.000	1.952,70	2.929,05	3.254,50	4.230,85	4.556,30	4.881,75	5.207,20
	20,00	20,00	20,00	20,00	20,00	20,00	20,00
	374,81	560,32	622,16	807,66	869,50	931,33	993,17
	2.347,51	3.509,37	3.896,66	5.058,51	5.445,80	5.833,08	6.220,37
1.450.000	2.002,20	3.003,30	3.337,00	4.338,10	4.671,80	5.005,50	5.339,20
	20,00	20,00	20,00	20,00	20,00	20,00	20,00
	384,22	574,43	637,83	828,04	891,44	954,85	1.018,25
	2.406,42	3.597,73	3.994,83	5.186,14	5.583,24	5.980,35	6.377,45
1.500.000	2.051,70	3.077,55	3.419,50	4.445,35	4.787,30	5.129,25	5.471,20
	20,00	20,00	20,00	20,00	20,00	20,00	20,00
	393,62	588,53	653,51	848,42	913,39	978,36	1.043,33
	2.465,32	3.686,08	4.093,01	5.313,77	5.720,69	6.127,61	6.534,53
1.550.000	2.101,20	3.151,80	3.502,00	4.552,60	4.902,80	5.253,00	5.603,20
	20,00	20,00	20,00	20,00	20,00	20,00	20,00
	403,03	602,64	669,18	868,79	935,33	1.001,87	1.068,41
	2.524,23	3.774,44	4.191,18	5.441,39	5.858,13	6.274,87	6.691,61
1.600.000	2.150,70	3.226,05	3.584,50	4.659,85	5.018,30	5.376,75	5.735,20
	20,00	20,00	20,00	20,00	20,00	20,00	20,00
	412,43	616,75	684,86	889,17	957,28	1.025,38	1.093,49
	2.583,13	3.862,80	4.289,36	5.569,02	5.995,58	6.422,13	6.848,69
1.650.000	2.200,20	3.300,30	3.667,00	4.767,10	5.133,80	5.500,50	5.867,20
	20,00	20,00	20,00	20,00	20,00	20,00	20,00
	421,84	630,86	700,53	909,55	979,22	1.048,90	1.118,57
	2.642,04	3.951,16	4.387,53	5.696,65	6.133,02	6.569,40	7.005,77
1.700.000	2.249,70	3.374,55	3.749,50	4.874,35	5.249,30	5.624,25	5.999,20
	20,00	20,00	20,00	20,00	20,00	20,00	20,00
	431,24	644,96	716,21	929,93	1.001,17	1.072,41	1.143,65
	2.700,94	4.039,51	4.485,71	5.824,28	6.270,47	6.716,66	7.162,85
1.750.000	2.299,20	3.448,80	3.832,00	4.981,60	5.364,80	5.748,00	6.131,20
	20,00	20,00	20,00	20,00	20,00	20,00	20,00
	440,65	659,07	731,88	950,30	1.023,11	1.095,92	1.168,73
	2.759,85	4.127,87	4.583,88	5.951,90	6.407,91	6.863,92	7.319,93
1.800.000	2.348,70	3.523,05	3.914,50	5.088,85	5.480,30	5.871,75	6.263,20
	20,00	20,00	20,00	20,00	20,00	20,00	20,00
	450,05	673,18	747,56	970,68	1.045,06	1.119,43	1.193,81
	2.818,75	4.216,23	4.682,06	6.079,53	6.545,36	7.011,18	7.477,01
1.850.000	2.398,20	3.597,30	3.997,00	5.196,10	5.595,80	5.995,50	6.395,20
	20,00	20,00	20,00	20,00	20,00	20,00	20,00
	459,46	687,29	763,23	991,06	1.067,00	1.142,95	1.218,89
	2.877,66	4.304,59	4.780,23	6.207,16	6.682,80	7.158,45	7.634,09

Anwaltsgebühren nach § 13 RVG

Wert bis ... €	0,90	1,00	1,10	1,20	1,30	1,50	1,60
1.400.000	5.858,10	6.509,00	7.159,90	7.810,80	8.461,70	9.763,50	10.414,40
	20,00	20,00	20,00	20,00	20,00	20,00	20,00
	1.116,84	1.240,51	1.364,18	1.487,85	1.611,52	1.858,87	1.982,54
	6.994,94	7.769,51	8.544,08	9.318,65	10.093,22	11.642,37	12.416,94
1.450.000	6.006,60	6.674,00	7.341,40	8.008,80	8.676,20	10.011,00	10.678,40
	20,00	20,00	20,00	20,00	20,00	20,00	20,00
	1.145,05	1.271,86	1.398,67	1.525,47	1.652,28	1.905,89	2.032,65
	7.171,65	7.965,86	8.760,07	9.554,27	10.348,48	11.936,89	12.731,10
1.500.000	6.155,10	6.839,00	7.522,90	8.206,80	8.890,70	10.258,50	10.942,40
	20,00	20,00	20,00	20,00	20,00	20,00	20,00
	1.173,27	1.303,21	1.433,15	1.563,09	1.693,03	1.952,92	2.082,86
	7.348,37	8.162,21	8.976,05	9.789,89	10.603,73	12.231,42	13.045,26
1.550.000	6.303,60	7.004,00	7.704,40	8.404,80	9.105,20	10.506,00	11.206,40
	20,00	20,00	20,00	20,00	20,00	20,00	20,00
	1.201,48	1.334,56	1.467,64	1.600,71	1.733,79	1.999,94	2.133,02
	7.525,08	8.358,56	9.192,04	10.025,51	10.858,99	12.525,94	13.359,42
1.600.000	6.452,10	7.169,00	7.885,90	8.602,80	9.319,70	10.753,50	11.470,40
	20,00	20,00	20,00	20,00	20,00	20,00	20,00
	1.229,70	1.365,91	1.502,12	1.638,33	1.774,54	2.046,97	2.183,18
	7.701,80	8.554,91	9.408,02	10.261,13	11.114,24	12.820,47	13.673,58
1.650.000	6.600,60	7.334,00	8.067,40	8.800,80	9.534,20	11.001,00	11.734,40
	20,00	20,00	20,00	20,00	20,00	20,00	20,00
	1.257,91	1.397,26	1.536,61	1.675,95	1.815,30	2.093,99	2.233,34
	7.878,51	8.751,26	9.624,01	10.496,75	11.369,50	13.114,99	13.987,74
1.700.000	6.749,10	7.499,00	8.248,90	8.998,80	9.748,70	11.248,50	11.998,40
	20,00	20,00	20,00	20,00	20,00	20,00	20,00
	1.286,13	1.428,61	1.571,09	1.713,57	1.856,05	2.141,02	2.283,50
	8.055,23	8.947,61	9.839,99	10.732,37	11.624,75	13.409,52	14.301,90
1.750.000	6.897,60	7.664,00	8.430,40	9.196,80	9.963,20	11.496,00	12.262,40
	20,00	20,00	20,00	20,00	20,00	20,00	20,00
	1.314,34	1.459,96	1.605,58	1.751,19	1.896,81	2.188,04	2.333,66
	8.231,94	9.143,96	10.055,98	10.967,99	11.880,01	13.704,04	14.616,06
1.800.000	7.046,10	7.829,00	8.611,90	9.394,80	10.177,70	11.743,50	12.526,40
	20,00	20,00	20,00	20,00	20,00	20,00	20,00
	1.342,56	1.491,31	1.640,06	1.788,81	1.937,56	2.235,07	2.383,82
	8.408,66	9.340,31	10.271,96	11.203,61	12.135,26	13.998,57	14.930,22
1.850.000	7.194,60	7.994,00	8.793,40	9.592,80	10.392,20	11.991,00	12.790,40
	20,00	20,00	20,00	20,00	20,00	20,00	20,00
	1.370,77	1.522,66	1.674,55	1.826,43	1.978,32	2.282,09	2.433,98
	8.585,37	9.536,66	10.487,95	11.439,23	12.390,52	14.293,09	15.244,38

Anwaltsgebühren nach § 13 RVG

Wert bis ... €	1,80	1,95	2,50	2,80	3,50	4,10	4,15
1.400.000	11.716,20	12.692,55	16.272,50	18.225,20	22.781,50	26.686,90	27.012,35
	20,00	20,00	20,00	20,00	20,00	20,00	20,00
	2.229,88	2.415,38	3.095,58	3.466,59	4.332,29	5.074,31	5.136,15
	13.966,08	15.127,93	19.388,08	21.711,79	27.133,79	31.781,21	32.168,50
1.450.000	12.013,20	13.014,30	16.685,00	18.687,20	23.359,00	27.363,40	27.697,10
	20,00	20,00	20,00	20,00	20,00	20,00	20,00
	2.286,31	2.476,52	3.173,95	3.554,37	4.442,01	5.202,85	5.266,25
	14.319,51	15.510,82	19.878,95	22.261,57	27.821,01	32.586,25	32.983,35
1.500.000	12.310,20	13.336,05	17.097,50	19.149,20	23.936,50	28.039,90	28.381,85
	20,00	20,00	20,00	20,00	20,00	20,00	20,00
	2.342,74	2.537,65	3.252,33	3.642,15	4.551,74	5.331,38	5.396,35
	14.672,94	15.893,70	20.369,83	22.811,35	28.508,24	33.391,28	33.798,20
1.550.000	12.607,20	13.657,80	17.510,00	19.611,20	24.514,00	28.716,40	29.066,60
	20,00	20,00	20,00	20,00	20,00	20,00	20,00
	2.399,17	2.598,78	3.330,70	3.729,93	4.661,46	5.459,92	5.526,45
	15.026,37	16.276,58	20.860,70	23.361,13	29.195,46	34.196,32	34.613,05
1.600.000	12.904,20	13.979,55	17.922,50	20.073,20	25.091,50	29.392,90	29.751,35
	20,00	20,00	20,00	20,00	20,00	20,00	20,00
	2.455,60	2.659,91	3.409,08	3.817,71	4.771,19	5.588,45	5.656,56
	15.379,80	16.659,46	21.351,58	23.910,91	29.882,69	35.001,35	35.427,91
1.650.000	13.201,20	14.301,30	18.335,00	20.535,20	25.669,00	30.069,40	30.436,10
	20,00	20,00	20,00	20,00	20,00	20,00	20,00
	2.512,03	2.721,05	3.487,45	3.905,49	4.880,91	5.716,99	5.786,66
	15.733,23	17.042,35	21.842,45	24.460,69	30.569,91	35.806,39	36.242,76
1.700.000	13.498,20	14.623,05	18.747,50	20.997,20	26.246,50	30.745,90	31.120,85
	20,00	20,00	20,00	20,00	20,00	20,00	20,00
	2.568,46	2.782,18	3.565,83	3.993,27	4.990,64	5.845,52	5.916,76
	16.086,66	17.425,23	22.333,33	25.010,47	31.257,14	36.611,42	37.057,61
1.750.000	13.795,20	14.944,80	19.160,00	21.459,20	26.824,00	31.422,40	31.805,60
	20,00	20,00	20,00	20,00	20,00	20,00	20,00
	2.624,89	2.843,31	3.644,20	4.081,05	5.100,36	5.974,06	6.046,86
	16.440,09	17.808,11	22.824,20	25.560,25	31.944,36	37.416,46	37.872,46
1.800.000	14.092,20	15.266,55	19.572,50	21.921,20	27.401,50	32.098,90	32.490,35
	20,00	20,00	20,00	20,00	20,00	20,00	20,00
	2.681,32	2.904,44	3.722,58	4.168,83	5.210,09	6.102,59	6.176,97
	16.793,52	18.190,99	23.315,08	26.110,03	32.631,59	38.221,49	38.687,32
1.850.000	14.389,20	15.588,30	19.985,00	22.383,20	27.979,00	32.775,40	33.175,10
	20,00	20,00	20,00	20,00	20,00	20,00	20,00
	2.737,75	2.965,58	3.800,95	4.256,61	5.319,81	6.231,13	6.307,07
	17.146,95	18.573,88	23.805,95	26.659,81	33.318,81	39.026,53	39.502,17

Anwaltsgebühren nach § 13 RVG

Wert bis ... €	0,30	0,45	0,50	0,65	0,70	0,75	0,80
1.900.000	2.447,70	3.671,55	4.079,50	5.303,35	5.711,30	6.119,25	6.527,20
	20,00	20,00	20,00	20,00	20,00	20,00	20,00
	468,86	701,39	778,91	1.011,44	1.088,95	1.166,46	1.243,97
	2.936,56	4.392,94	4.878,41	6.334,79	6.820,25	7.305,71	7.791,17
1.950.000	2.497,20	3.745,80	4.162,00	5.410,60	5.826,80	6.243,00	6.659,20
	20,00	20,00	20,00	20,00	20,00	20,00	20,00
	478,27	715,50	794,58	1.031,81	1.110,89	1.189,97	1.269,05
	2.995,47	4.481,30	4.976,58	6.462,41	6.957,69	7.452,97	7.948,25
2.000.000	2.546,70	3.820,05	4.244,50	5.517,85	5.942,30	6.366,75	6.791,20
	20,00	20,00	20,00	20,00	20,00	20,00	20,00
	487,67	729,61	810,26	1.052,19	1.132,84	1.213,48	1.294,13
	3.054,37	4.569,66	5.074,76	6.590,04	7.095,14	7.600,23	8.105,33

Anwaltsgebühren nach § 13 RVG

Wert bis ... €	0,90	1,00	1,10	1,20	1,30	1,50	1,60
1.900.000	7.343,10	8.159,00	8.974,90	9.790,80	10.606,70	12.238,50	13.054,40
	20,00	20,00	20,00	20,00	20,00	20,00	20,00
	1.398,99	1.554,01	1.709,03	1.864,05	2.019,07	2.329,12	2.484,14
	8.762,09	9.733,01	10.703,93	11.674,85	12.645,77	14.587,62	15.558,54
1.950.000	7.491,60	8.324,00	9.156,40	9.988,80	10.821,20	12.486,00	13.318,40
	20,00	20,00	20,00	20,00	20,00	20,00	20,00
	1.427,20	1.585,36	1.743,52	1.901,67	2.059,83	2.376,14	2.534,30
	8.938,80	9.929,36	10.919,92	11.910,47	12.901,03	14.882,14	15.872,70
2.000.000	7.640,10	8.489,00	9.337,90	10.186,80	11.035,70	12.733,50	13.582,40
	20,00	20,00	20,00	20,00	20,00	20,00	20,00
	1.455,42	1.616,71	1.778,00	1.939,29	2.100,58	2.423,17	2.584,46
	9.115,52	10.125,71	11.135,90	12.146,09	13.156,28	15.176,67	16.186,86

Anwaltsgebühren nach § 13 RVG

Wert bis ... €	1,80	1,95	2,50	2,80	3,50	4,10	4,15
1.900.000	14.686,20	15.910,05	20.397,50	22.845,20	28.556,50	33.451,90	33.859,85
	20,00	20,00	20,00	20,00	20,00	20,00	20,00
	2.794,18	3.026,71	3.879,33	4.344,39	5.429,54	6.359,66	6.437,17
	17.500,38	18.956,76	24.296,83	27.209,59	34.006,04	39.831,56	40.317,02
1.950.000	14.983,20	16.231,80	20.810,00	23.307,20	29.134,00	34.128,40	34.544,60
	20,00	20,00	20,00	20,00	20,00	20,00	20,00
	2.850,61	3.087,84	3.957,70	4.432,17	5.539,26	6.488,20	6.567,27
	17.853,81	19.339,64	24.787,70	27.759,37	34.693,26	40.636,60	41.131,87
2.000.000	15.280,20	16.553,55	21.222,50	23.769,20	29.711,50	34.804,90	35.229,35
	20,00	20,00	20,00	20,00	20,00	20,00	20,00
	2.907,04	3.148,97	4.036,08	4.519,95	5.648,99	6.616,73	6.697,38
	18.207,24	19.722,52	25.278,58	28.309,15	35.380,49	41.441,63	41.946,73

Mahnbescheidskosten

Wert bis … €	500	1.000	1.500	2.000	3.000	4.000	5.000	6.000
Anw.-Geb.	49,00	88,00	127,00	166,00	222,00	278,00	334,00	390,00
Auslagen	9,80	17,60	20,00	20,00	20,00	20,00	20,00	20,00
Ust. 19 %	11,17	20,06	27,93	35,34	45,98	56,62	67,26	77,90
GK	36,00	36,00	39,00	49,00	59,50	70,00	80,50	91,00
Gesamt	105,97	161,66	213,93	270,34	347,48	424,62	501,76	578,90
	7.000	8.000	9.000	10.000	13.000	16.000	19.000	22.000	25.000
	446,00	502,00	558,00	614,00	666,00	718,00	770,00	822,00	874,00
	20,00	20,00	20,00	20,00	20,00	20,00	20,00	20,00	20,00
	88,54	99,18	109,82	120,46	130,34	140,22	150,10	159,98	169,86
	101,50	112,00	122,50	133,00	147,50	162,00	176,50	191,00	205,50
	656,04	733,18	810,32	887,46	963,84	1.040,22	1.116,60	1.192,98	1.269,36
	30.000	35.000	40.000	45.000	50.000	65.000	80.000	95.000	110.000
	955,00	1.036,00	1.117,00	1.198,00	1.279,00	1.373,00	1.467,00	1.561,00	1.655,00
	20,00	20,00	20,00	20,00	20,00	20,00	20,00	20,00	20,00
	185,25	200,64	216,03	231,42	246,81	264,67	282,53	300,39	318,25
	224,50	243,50	262,50	281,50	300,50	366,50	432,50	498,50	564,50
	1.384,75	1.500,14	1.615,53	1.730,92	1.846,31	2.024,17	2.202,03	2.379,89	2.557,75
	125.000	140.000	155.000	170.000	185.000	200.000	230.000	260.000	290.000
	1.749,00	1.843,00	1.937,00	2.031,00	2.125,00	2.219,00	2.351,00	2.483,00	2.615,00
	20,00	20,00	20,00	20,00	20,00	20,00	20,00	20,00	20,00
	336,11	353,97	371,83	389,69	407,55	425,41	450,49	475,57	500,65
	630,50	696,50	762,50	828,50	894,50	960,50	1.059,50	1.158,50	1.257,50
	2.735,61	2.913,47	3.091,33	3.269,19	3.447,05	3.624,91	3.880,99	4.137,07	4.393,15
	320.000	350.000	380.000	410.000	440.000	470.000	500.000	550.000	600.000
	2.747,00	2.879,00	3.011,00	3.143,00	3.275,00	3.407,00	3.539,00	3.704,00	3.869,00
	20,00	20,00	20,00	20,00	20,00	20,00	20,00	20,00	20,00
	525,73	550,81	575,89	600,97	626,05	651,13	676,21	707,56	738,91
	1.356,50	1.455,50	1.554,50	1.653,50	1.752,50	1.851,50	1.950,50	2.049,50	2.148,50
	4.649,23	4.905,31	5.161,39	5.417,47	5.673,55	5.929,63	6.185,71	6.481,06	6.776,41
	650.000	700.000	750.000	800.000	850.000	900.000	950.000	1.000.000	1.050.000
	4.034,00	4.199,00	4.364,00	4.529,00	4.694,00	4.859,00	5.024,00	5.189,00	5.354,00
	20,00	20,00	20,00	20,00	20,00	20,00	20,00	20,00	20,00
	770,26	801,61	832,96	864,31	895,66	927,01	958,36	989,71	1.021,06
	2.247,50	2.346,50	2.445,50	2.544,50	2.643,50	2.742,50	2.841,50	2.940,50	3.039,50
	7.071,76	7.367,11	7.662,46	7.957,81	8.253,16	8.548,51	8.843,86	9.139,21	9.434,56
	1.100.000	1.150.000	1.200.000	1.250.000	1.300.000	1.350.000	1.400.000	1.450.000	1.500.000
	5.519,00	5.684,00	5.849,00	6.014,00	6.179,00	6.344,00	6.509,00	6.674,00	6.839,00
	20,00	20,00	20,00	20,00	20,00	20,00	20,00	20,00	20,00
	1.052,41	1.083,76	1.115,11	1.146,46	1.177,81	1.209,16	1.240,51	1.271,86	1.303,21
	3.138,50	3.237,50	3.336,50	3.435,50	3.534,50	3.633,50	3.732,50	3.831,50	3.930,50
	9.729,91	10.025,26	10.320,61	10.615,96	10.911,31	11.206,66	11.502,01	11.797,36	12.092,71

Vollstreckungsbescheidskosten

Wert bis ... €	500	1.000	1.500	2.000	3.000	4.000	5.000	6.000
Anw.-Geb.	24,50	44,00	63,50	83,00	111,00	139,00	167,00	195,00
Auslagen	4,90	8,80	12,70	16,60	20,00	20,00	20,00	20,00
Ust. 19 %	5,59	10,03	14,48	18,92	24,89	30,21	35,53	40,85
GK	0,00	0,00	0,00	0,00	0,00	0,00	0,00	0,00
Gesamt	34,99	62,83	90,68	118,52	155,89	189,21	222,53	255,85
	7.000	8.000	9.000	10.000	13.000	16.000	19.000	22.000	25.000
	223,00	251,00	279,00	307,00	333,00	359,00	385,00	411,00	437,00
	20,00	20,00	20,00	20,00	20,00	20,00	20,00	20,00	20,00
	46,17	51,49	56,81	62,13	67,07	72,01	76,95	81,89	86,83
	0,00	0,00	0,00	0,00	0,00	0,00	0,00	0,00	0,00
	289,17	322,49	355,81	389,13	420,07	451,01	481,95	512,89	543,83
	30.000	35.000	40.000	45.000	50.000	65.000	80.000	95.000	110.000
	477,50	518,00	558,50	599,00	639,50	686,50	733,50	780,50	827,50
	20,00	20,00	20,00	20,00	20,00	20,00	20,00	20,00	20,00
	94,53	102,22	109,92	117,61	125,31	134,24	143,17	152,10	161,03
	0,00	0,00	0,00	0,00	0,00	0,00	0,00	0,00	0,00
	592,03	640,22	688,42	736,61	784,81	840,74	896,67	952,60	1.008,53
	125.000	140.000	155.000	170.000	185.000	200.000	230.000	260.000	290.000
	874,50	921,50	968,50	1.015,50	1.062,50	1.109,50	1.175,50	1.241,50	1.307,50
	20,00	20,00	20,00	20,00	20,00	20,00	20,00	20,00	20,00
	169,96	178,89	187,82	196,75	205,68	214,61	227,15	239,69	252,23
	0,00	0,00	0,00	0,00	0,00	0,00	0,00	0,00	0,00
	1.064,46	1.120,39	1.176,32	1.232,25	1.288,18	1.344,11	1.422,65	1.501,19	1.579,73
	320.000	350.000	380.000	410.000	440.000	470.000	500.000	550.000	600.000
	1.373,50	1.439,50	1.505,50	1.571,50	1.637,50	1.703,50	1.769,50	1.852,00	1.934,50
	20,00	20,00	20,00	20,00	20,00	20,00	20,00	20,00	20,00
	264,77	277,31	289,85	302,39	314,93	327,47	340,01	355,68	371,36
	0,00	0,00	0,00	0,00	0,00	0,00	0,00	0,00	0,00
	1.658,27	1.736,81	1.815,35	1.893,89	1.972,43	2.050,97	2.129,51	2.227,68	2.325,86
	650.000	700.000	750.000	800.000	850.000	900.000	950.000	1.000.000	1.050.000
	2.017,00	2.099,50	2.182,00	2.264,50	2.347,00	2.429,50	2.512,00	2.594,50	2.677,00
	20,00	20,00	20,00	20,00	20,00	20,00	20,00	20,00	20,00
	387,03	402,71	418,38	434,06	449,73	465,41	481,08	496,76	512,43
	0,00	0,00	0,00	0,00	0,00	0,00	0,00	0,00	0,00
	2.424,03	2.522,21	2.620,38	2.718,56	2.816,73	2.914,91	3.013,08	3.111,26	3.209,43
	1.100.000	1.150.000	1.200.000	1.250.000	1.300.000	1.350.000	1.400.000	1.450.000	1.500.000
	2.759,50	2.842,00	2.924,50	3.007,00	3.089,50	3.172,00	3.254,50	3.337,00	3.419,50
	20,00	20,00	20,00	20,00	20,00	20,00	20,00	20,00	20,00
	528,11	543,78	559,46	575,13	590,81	606,48	622,16	637,83	653,51
	0,00	0,00	0,00	0,00	0,00	0,00	0,00	0,00	0,00
	3.307,61	3.405,78	3.503,96	3.602,13	3.700,31	3.798,48	3.896,66	3.994,83	4.093,01

Mahnverfahren insgesamt

Wert bis ... €	500	1.000	1.500	2.000	3.000	4.000	5.000	6.000
Anw.-Geb.	73,50	132,00	190,50	249,00	333,00	417,00	501,00	585,00
Auslagen	14,70	20,00	20,00	20,00	20,00	20,00	20,00	20,00
Ust. 19 %	16,76	28,88	40,00	51,11	67,07	83,03	98,99	114,95
GK	36,00	36,00	39,00	49,00	59,50	70,00	80,50	91,00
Gesamt	140,96	216,88	289,50	369,11	479,57	590,03	700,49	810,95
	7.000	8.000	9.000	10.000	13.000	16.000	19.000	22.000	25.000
	669,00	753,00	837,00	921,00	999,00	1.077,00	1.155,00	1.233,00	1.311,00
	20,00	20,00	20,00	20,00	20,00	20,00	20,00	20,00	20,00
	130,91	146,87	162,83	178,79	193,61	208,43	223,25	238,07	252,89
	101,50	112,00	122,50	133,00	147,50	162,00	176,50	191,00	205,50
	921,41	1.031,87	1.142,33	1.252,79	1.360,11	1.467,43	1.574,75	1.682,07	1.789,39
	30.000	35.000	40.000	45.000	50.000	65.000	80.000	95.000	110.000
	1.432,50	1.554,00	1.675,50	1.797,00	1.918,50	2.059,50	2.200,50	2.341,50	2.482,50
	20,00	20,00	20,00	20,00	20,00	20,00	20,00	20,00	20,00
	275,98	299,06	322,15	345,23	368,32	395,11	421,90	448,69	475,48
	224,50	243,50	262,50	281,50	300,50	366,50	432,50	498,50	564,50
	1.952,98	2.116,56	2.280,15	2.443,73	2.607,32	2.841,11	3.074,90	3.308,69	3.542,48
	125.000	140.000	155.000	170.000	185.000	200.000	230.000	260.000	290.000
	2.623,50	2.764,50	2.905,50	3.046,50	3.187,50	3.328,50	3.526,50	3.724,50	3.922,50
	20,00	20,00	20,00	20,00	20,00	20,00	20,00	20,00	20,00
	502,27	529,06	555,85	582,64	609,43	636,22	673,84	711,46	749,08
	630,50	696,50	762,50	828,50	894,50	960,50	1.059,50	1.158,50	1.257,50
	3.776,27	4.010,06	4.243,85	4.477,64	4.711,43	4.945,22	5.279,84	5.614,46	5.949,08
	320.000	350.000	380.000	410.000	440.000	470.000	500.000	550.000	600.000
	4.120,50	4.318,50	4.516,50	4.714,50	4.912,50	5.110,50	5.308,50	5.556,00	5.803,50
	20,00	20,00	20,00	20,00	20,00	20,00	20,00	20,00	20,00
	786,70	824,32	861,94	899,56	937,18	974,80	1.012,42	1.059,44	1.106,47
	1.356,50	1.455,50	1.554,50	1.653,50	1.752,50	1.851,50	1.950,50	2.049,50	2.148,50
	6.283,70	6.618,32	6.952,94	7.287,56	7.622,18	7.956,80	8.291,42	8.684,94	9.078,47
	650.000	700.000	750.000	800.000	850.000	900.000	950.000	1.000.000	1.050.000
	6.051,00	6.298,50	6.546,00	6.793,50	7.041,00	7.288,50	7.536,00	7.783,50	8.031,00
	20,00	20,00	20,00	20,00	20,00	20,00	20,00	20,00	20,00
	1.153,49	1.200,52	1.247,54	1.294,57	1.341,59	1.388,62	1.435,64	1.482,67	1.529,69
	2.247,50	2.346,50	2.445,50	2.544,50	2.643,50	2.742,50	2.841,50	2.940,50	3.039,50
	9.471,99	9.865,52	10.259,04	10.652,57	11.046,09	11.439,62	11.833,14	12.226,67	12.620,19
	1.100.000	1.150.000	1.200.000	1.250.000	1.300.000	1.350.000	1.400.000	1.450.000	1.500.000
	8.278,50	8.526,00	8.773,50	9.021,00	9.268,50	9.516,00	9.763,50	10.011,00	10.258,50
	20,00	20,00	20,00	20,00	20,00	20,00	20,00	20,00	20,00
	1.576,72	1.623,74	1.670,77	1.717,79	1.764,82	1.811,84	1.858,87	1.905,89	1.952,92
	3.138,50	3.237,50	3.336,50	3.435,50	3.534,50	3.633,50	3.732,50	3.831,50	3.930,50
	13.013,72	13.407,24	13.800,77	14.194,29	14.587,82	14.981,34	15.374,87	15.768,39	16.161,92

Gerichtsvollzieherkosten

Kosten (Gebühren und Auslagen nach § 9 GvKostG – Auszug)

Abschnitt 1 Zustellung auf Betreiben der Parteien (§ 191 ZPO)

100	Persönliche Zustellung durch GV	11,00
600	Bei Nichterledigung	3,00
101	Sonstige Zustellung (auch bei Nichterledigung, Nr. 600)	3,30
102	Beglaubigung eines Schriftstückes, zur Zustellung, je Seite	Gebühr nach Nr. 700

Abschnitt 2 Vollstreckung

200	Vorpfändung (§ 845 Abs. 1 S. 2 ZPO)	17,60
205	Pfändung	28,60
206	Übernahme zur Verwertung	17,60
207	Versuch einer gütlichen Erledigung der Sache (§ 802b ZPO)	17,60
210	Vollstreckungsauftrag von anderem GV	17,60
220	Entfernung von Pfandstücken	17,60
221	Wegnahme beweglicher Sachen	28,60
604	Bei Nichterledigung	16,50
230	Wegnahme einer Person	57,20
240	Entsetzung aus / Einweisung in Besitz (§ 885 ZPO)	150,00
602	Bei Nichterledigung	35,20
243	Übergabe unbeweglicher Sachen an Verwalter	107,80
602	Bei Nichterledigung	32,00
250	Zuziehung bei Schuldner-Widerstand (§ 892 ZPO)	57,20
260	Abnahme der Vermögensauskunft nach den §§ 802c, 802d Abs. 1 oder nach § 807 ZPO oder der eidesstattlichen Versicherung nach § 836 Abs. 3 oder § 883 Abs. 2 ZPO	36,30
261	Übermittlung Vermögensverzeichnis an Drittgläubiger (§ 802d Abs. 1 S. 2, Abs. 2 ZPO)	36,30
262	Abnahme der eidesstattlichen Versicherung nach § 836 Abs. 3 oder § 883 Abs. 2 ZPO	41,80
270	Verhaftung, Nachverhaftung, zwangsweise Vorführung	42,90
604	Bei Nichterledigung	16,50

Abschnitt 3 Verwertung

300	Versteigerung oder Verkauf oder Verwertung in anderer Weise nach § 825 Abs. 1 ZPO	57,20
301	Öffentliche Verpachtung an den Meistbietenden	57,20
302	Neuer Versteigerungs- oder Verpachtungstermin	11,00
310	Mitwirken bei der Versteigerung durch einen Dritten (§ 825 Abs. 2 ZPO)	17,60

Abschnitt 4 Besondere Geschäfte

401	Feststellung der Mieter oder Pächter je festgestellte Person	7,70
410	Tatsächliches Angebot einer Leistung außerhalb der Zwangsvollstreckung	17,60
604	Bei Nichterledigung	16,50
411	Beurkundung eines Leistungsangebots (nicht zusammen mit 410)	7,70
603	Bei Nichterledigung	6,60
420	Entfernung von Gegenständen aus dem Gewahrsam	17,60
604	Bei Nichterledigung	16,50
430	Entgegennahme einer Zahlung	4,40
440	Einholung Auskunft § 755 Abs. 2 ZPO (Ausländerzentralregister, Rentenversicherung, Kraftfahrzeug-Bundesamt)	14,30
441	Einholung Auskunft § 755 Abs. 1 ZPO (Anfragen beim Melderegister u.a.)	5,50

Abschnitt 5 Zeitzuschlag

500	Zeitzuschlag, wenn Erledigung vor Ort mehr als 3 Stunden, für jede weitere angefangene Stunde	22,00

Abschnitt 6 Nicht erledigte Amtshandlung

604	Nichterledigte Amtshandlung der Nummern 200 bis 221, 250 bis 301, 310 (nicht aber bei Nr. 260, wenn deshalb nicht abgenommen, weil Schuldner innerhalb der letzten zwei Jahre bereits abgegeben, § 903 ZPO)	16,50

Abschnitt 7 Auslagen

700	Pauschale für die Herstellung und Überlassung von Dokumenten:	
	1. Ablichtungen und Ausdrucke,	
	a) die auf Antrag angefertigt oder per Telefax übermittelt werden,	
	b) die angefertigt werden, weil der Auftraggeber es unterlassen hat, die erforderliche Zahl von Mehrfertigungen beizufügen:	
	für die ersten 50 Seiten, je Seite	0,50
	für jede weitere Seite	0,15
	für die ersten 50 Seiten in Farbe, je Seite	1,00
	für jede weitere Seite in Farbe	0,30
	2. Überlassung von elektronisch gespeicherten Dateien anstelle der in Nummer 1 genannten Ablichtungen und Ausdrucke:	
	je Datei	1,50
	Für die in einem Arbeitsgang überlassenen, bereitgestellten oder in einem Arbeitsgang auf einen Datenträger übertragenen Dokumente insgesamt höchstens	5,00
701	Entgelte für Zustellungen mit Zustellungsurkunde	in voller Höhe
702	Auslagen für öffentliche Bekanntmachungen und Einstellung eines Angebots auf einer Versteigerungsplattform zur Versteigerung im Internet	in voller Höhe

Gerichtsvollzieherkosten

703	Nach dem JVEG an Zeugen, Sachverständige, Dolmetscher und Übersetzer zu zahlende Beträge	in voller Höhe
704	An die zum Öffnen von Türen und Behältnissen sowie an die zur Durchsuchung von Schuldnern zugezogenen Personen zu zahlende Beträge	in voller Höhe
705	Kosten für die Umschreibung eines auf den Namen lautenden Wertpapiers oder für die Wiederinkurssetzung eines Inhaberpapiers	in voller Höhe
706	Kosten, die von einem Kreditinstitut erhoben werden, weil ein Scheck des Vollstreckungsschuldners nicht eingelöst wird	in voller Höhe
707	An Dritte zu zahlende Beträge für die Beförderung von Personen, Tieren und Sachen, das Verwahren von Tieren und Sachen, das Füttern von Tieren, die Beaufsichtigung von Sachen sowie das Abernten von Früchten. Diese Vorschrift ist nicht anzuwenden bei dem Transport von Sachen oder Tieren an den Ersteher oder an einen von diesem benannten Dritten im Rahmen der Verwertung.	in voller Höhe
708	An deutsche Behörden für die Erfüllung von deren eigenen Aufgaben zu zahlende Gebühren sowie diejenigen Auslagen, die diesen Behörden, öffentlichen Einrichtungen oder Bediensteten als Ersatz für Auslagen der in den Nummern 700 und 701 bezeichneten Art zustehen	in voller Höhe
709	Kosten für Arbeitshilfen	in voller Höhe
710	Pauschale für die Benutzung von eigenen Beförderungsmitteln zur Beförderung von Personen und Sachen je Fahrt	6,00
711	Wegegeld je Auftrag für zurückgelegte Wegstrecken, wenn sich aus einer Rechtsverordnung nach § 12a GvKostG nichts anderes ergibt,	
	Stufe 1: bis zu 10 Kilometer	3,25
	Stufe 2: von mehr als 10 Kilometer bis zu 20 Kilometer	6,50
	Stufe 3: von mehr als 20 Kilometer bis zu 30 Kilometer	9,75
	Stufe 4: von mehr als 30 Kilometer bis 40 Kilometer	13,00
	Stufe 5: von mehr als 40 Kilometern	16,25
716	Pauschale für sonstige bare Auslagen je Auftrag	20 % der zu erhebenden Gebühren, mindestens € 3,00, höchstens € 10,00

Pfändungstabelle

Nettolohn monatlich in Euro	Pfändbarer Betrag bei Unterhaltspflicht für ... Personen					
	0	1	2	3	4	5 und mehr
bis 1.259,99	–	–	–	–	–	–
1.260,00 bis 1.269,99	5,15	–	–	–	–	–
1.270,00 bis 1.279,99	12,15	–	–	–	–	–
1.280,00 bis 1.289,99	19,15	–	–	–	–	–
1.290,00 bis 1.299,99	26,15	–	–	–	–	–
1.300,00 bis 1.309,99	33,15	–	–	–	–	–
1.310,00 bis 1.319,99	40,15	–	–	–	–	–
1.320,00 bis 1.329,99	47,15	–	–	–	–	–
1.330,00 bis 1.339,99	54,15	–	–	–	–	–
1.340,00 bis 1.349,99	61,15	–	–	–	–	–
1.350,00 bis 1.359,99	68,15	–	–	–	–	–
1.360,00 bis 1.369,99	75,15	–	–	–	–	–
1.370,00 bis 1.379,99	82,15	–	–	–	–	–
1.380,00 bis 1.389,99	89,15	–	–	–	–	–
1.390,00 bis 1.399,99	96,15	–	–	–	–	–
1.400,00 bis 1.409,99	103,15	–	–	–	–	–
1.410,00 bis 1.419,99	110,15	–	–	–	–	–
1.420,00 bis 1.429,99	117,15	–	–	–	–	–
1.430,00 bis 1.439,99	124,15	–	–	–	–	–
1.440,00 bis 1.449,99	131,15	–	–	–	–	–
1.450,00 bis 1.459,99	138,15	–	–	–	–	–
1.460,00 bis 1.469,99	145,15	–	–	–	–	–
1.470,00 bis 1.479,99	152,15	–	–	–	–	–
1.480,00 bis 1.489,99	159,15	–	–	–	–	–
1.490,00 bis 1.499,99	166,15	–	–	–	–	–
1.500,00 bis 1.509,99	173,15	–	–	–	–	–
1.510,00 bis 1.519,99	180,15	–	–	–	–	–
1.520,00 bis 1.529,99	187,15	–	–	–	–	–
1.530,00 bis 1.539,99	194,15	–	–	–	–	–
1.540,00 bis 1.549,99	201,15	–	–	–	–	–
1.550,00 bis 1.559,99	208,15	–	–	–	–	–
1.560,00 bis 1.569,99	215,15	–	–	–	–	–
1.570,00 bis 1.579,99	222,15	–	–	–	–	–
1.580,00 bis 1.589,99	229,15	–	–	–	–	–
1.590,00 bis 1.599,99	236,15	–	–	–	–	–

Pfändungstabelle

Nettolohn monatlich in Euro	Pfändbarer Betrag bei Unterhaltspflicht für ... Personen					
	0	1	2	3	4	5 und mehr
1.600,00 bis 1.609,99	243,15	–	–	–	–	–
1.610,00 bis 1.619,99	250,15	–	–	–	–	–
1.620,00 bis 1.629,99	257,15	–	–	–	–	–
1.630,00 bis 1.639,99	264,15	–	–	–	–	–
1.640,00 bis 1.649,99	271,15	–	–	–	–	–
1.650,00 bis 1.659,99	278,15	–	–	–	–	–
1.660,00 bis 1.669,99	285,15	–	–	–	–	–
1.670,00 bis 1.679,99	292,15	–	–	–	–	–
1.680,00 bis 1.689,99	299,15	–	–	–	–	–
1.690,00 bis 1.699,99	306,15	–	–	–	–	–
1.700,00 bis 1.709,99	313,15	–	–	–	–	–
1.710,00 bis 1.719,99	320,15	–	–	–	–	–
1.720,00 bis 1.729,99	327,15	–	–	–	–	–
1.730,00 bis 1.739,99	334,15	2,96	–	–	–	–
1.740,00 bis 1.749,99	341,15	7,96	–	–	–	–
1.750,00 bis 1.759,99	348,15	12,96	–	–	–	–
1.760,00 bis 1.769,99	355,15	17,96	–	–	–	–
1.770,00 bis 1.779,99	362,15	22,96	–	–	–	–
1.780,00 bis 1.789,99	369,15	27,96	–	–	–	–
1.790,00 bis 1.799,99	376,15	32,96	–	–	–	–
1.800,00 bis 1.809,99	383,15	37,96	–	–	–	–
1.810,00 bis 1.819,99	390,15	42,96	–	–	–	–
1.820,00 bis 1.829,99	397,15	47,96	–	–	–	–
1.830,00 bis 1.839,99	404,15	52,96	–	–	–	–
1.840,00 bis 1.849,99	411,15	57,96	–	–	–	–
1.850,00 bis 1.859,99	418,15	62,96	–	–	–	–
1.860,00 bis 1.869,99	425,15	67,96	–	–	–	–
1.870,00 bis 1.879,99	432,15	72,96	–	–	–	–
1.880,00 bis 1.889,99	439,15	77,96	–	–	–	–
1.890,00 bis 1.899,99	446,15	82,96	–	–	–	–
1.900,00 bis 1.909,99	453,15	87,96	–	–	–	–
1.910,00 bis 1.919,99	460,15	92,96	–	–	–	–
1.920,00 bis 1.929,99	467,15	97,96	–	–	–	–
1.930,00 bis 1.939,99	474,15	102,96	–	–	–	–

Pfändungstabelle

Nettolohn monatlich in Euro	Pfändbarer Betrag bei Unterhaltspflicht für ... Personen					
	0	1	2	3	4	5 und mehr
1.940,00 bis 1.949,99	481,15	107,96	–	–	–	–
1.950,00 bis 1.959,99	488,15	112,96	–	–	–	–
1.960,00 bis 1.969,99	495,15	117,96	–	–	–	–
1.970,00 bis 1.979,99	502,15	122,96	–	–	–	–
1.980,00 bis 1.989,99	509,15	127,96	–	–	–	–
1.990,00 bis 1.999,99	516,15	132,96	1,31	–	–	–
2.000,00 bis 2.009,99	523,15	137,96	5,31	–	–	–
2.010,00 bis 2.019,99	530,15	142,96	9,31	–	–	–
2.020,00 bis 2.029,99	537,15	147,96	13,31	–	–	–
2.030,00 bis 2.039,99	544,15	152,96	17,31	–	–	–
2.040,00 bis 2.049,99	551,15	157,96	21,31	–	–	–
2.050,00 bis 2.059,99	558,15	162,96	25,31	–	–	–
2.060,00 bis 2.069,99	565,15	167,96	29,31	–	–	–
2.070,00 bis 2.079,99	572,15	172,96	33,31	–	–	–
2.080,00 bis 2.089,99	579,15	177,96	37,31	–	–	–
2.090,00 bis 2.099,99	586,15	182,96	41,31	–	–	–
2.100,00 bis 2.109,99	593,15	187,96	45,31	–	–	–
2.110,00 bis 2.119,99	600,15	192,96	49,31	–	–	–
2.120,00 bis 2.129,99	607,15	197,96	53,31	–	–	–
2.130,00 bis 2.139,99	614,15	202,96	57,31	–	–	–
2.140,00 bis 2.149,99	621,15	207,96	61,31	–	–	–
2.150,00 bis 2.159,99	628,15	212,96	65,31	–	–	–
2.160,00 bis 2.169,99	635,15	217,96	69,31	–	–	–
2.170,00 bis 2.179,99	642,15	222,96	73,31	–	–	–
2.180,00 bis 2.189,99	649,15	227,96	77,31	–	–	–
2.190,00 bis 2.199,99	656,15	232,96	81,31	–	–	–
2.200,00 bis 2.209,99	663,15	237,96	85,31	–	–	–
2.210,00 bis 2.219,99	670,15	242,96	89,31	–	–	–
2.220,00 bis 2.229,99	677,15	247,96	93,31	–	–	–
2.230,00 bis 2.239,99	684,15	252,96	97,31	–	–	–
2.240,00 bis 2.249,99	691,15	257,96	101,31	–	–	–
2.250,00 bis 2.259,99	698,15	262,96	105,31	0,19	–	–
2.260,00 bis 2.269,99	705,15	267,96	109,31	3,19	–	–
2.270,00 bis 2.279,99	712,15	272,96	113,31	6,19	–	–

Pfändungstabelle

Nettolohn monatlich in Euro	Pfändbarer Betrag bei Unterhaltspflicht für ... Personen					
	0	1	2	3	4	5 und mehr
2.280,00 bis 2.289,99	719,15	277,96	117,31	9,19	–	–
2.290,00 bis 2.299,99	726,15	282,96	121,31	12,19	–	–
2.300,00 bis 2.309,99	733,15	287,96	125,31	15,19	–	–
2.310,00 bis 2.319,99	740,15	292,96	129,31	18,19	–	–
2.320,00 bis 2.329,99	747,15	297,96	133,31	21,19	–	–
2.330,00 bis 2.339,99	754,15	302,96	137,31	24,19	–	–
2.340,00 bis 2.349,99	761,15	307,96	141,31	27,19	–	–
2.350,00 bis 2.359,99	768,15	312,96	145,31	30,19	–	–
2.360,00 bis 2.369,99	775,15	317,96	149,31	33,19	–	–
2.370,00 bis 2.379,99	782,15	322,96	153,31	36,19	–	–
2.380,00 bis 2.389,99	789,15	327,96	157,31	39,19	–	–
2.390,00 bis 2.399,99	796,15	332,96	161,31	42,19	–	–
2.400,00 bis 2.409,99	803,15	337,96	165,31	45,19	–	–
2.410,00 bis 2.419,99	810,15	342,96	169,31	48,19	–	–
2.420,00 bis 2.429,99	817,15	347,96	173,31	51,19	–	–
2.430,00 bis 2.439,99	824,15	352,96	177,31	54,19	–	–
2.440,00 bis 2.449,99	831,15	357,96	181,31	57,19	–	–
2.450,00 bis 2.459,99	838,15	362,96	185,31	60,19	–	–
2.460,00 bis 2.469,99	845,15	367,96	189,31	63,19	–	–
2.470,00 bis 2.479,99	852,15	372,96	193,31	66,19	–	–
2.480,00 bis 2.489,99	859,15	377,96	197,31	69,19	–	–
2.490,00 bis 2.499,99	866,15	382,96	201,31	72,19	–	–
2.500,00 bis 2.509,99	873,15	387,96	205,31	75,19	–	–
2.510,00 bis 2.519,99	880,15	392,96	209,31	78,19	–	–
2.520,00 bis 2.529,99	887,15	397,96	213,31	81,19	1,59	–
2.530,00 bis 2.539,99	894,15	402,96	217,31	84,19	3,59	–
2.540,00 bis 2.549,99	901,15	407,96	221,31	87,19	5,59	–
2.550,00 bis 2.559,99	908,15	412,96	225,31	90,19	7,59	–
2.560,00 bis 2.569,99	915,15	417,96	229,31	93,19	9,59	–
2.570,00 bis 2.579,99	922,15	422,96	233,31	96,19	11,59	–
2.580,00 bis 2.589,99	929,15	427,96	237,31	99,19	13,59	–
2.590,00 bis 2.599,99	936,15	432,96	241,31	102,19	15,59	–
2.600,00 bis 2.609,99	943,15	437,96	245,31	105,19	17,59	–
2.610,00 bis 2.619,99	950,15	442,96	249,31	108,19	19,59	–

Pfändungstabelle

Nettolohn monatlich in Euro	Pfändbarer Betrag bei Unterhaltspflicht für ... Personen					
	0	1	2	3	4	5 und mehr
2.620,00 bis 2.629,99	957,15	447,96	253,31	111,19	21,59	–
2.630,00 bis 2.639,99	964,15	452,96	257,31	114,19	23,59	–
2.640,00 bis 2.649,99	971,15	457,96	261,31	117,19	25,59	–
2.650,00 bis 2.659,99	978,15	462,96	265,31	120,19	27,59	–
2.660,00 bis 2.669,99	985,15	467,96	269,31	123,19	29,59	–
2.670,00 bis 2.679,99	992,15	472,96	273,31	126,19	31,59	–
2.680,00 bis 2.689,99	999,15	477,96	277,31	129,19	33,59	–
2.690,00 bis 2.699,99	1.006,15	482,96	281,31	132,19	35,59	–
2.700,00 bis 2.709,99	1.013,15	487,96	285,31	135,19	37,59	–
2.710,00 bis 2.719,99	1.020,15	492,96	289,31	138,19	39,59	–
2.720,00 bis 2.729,99	1.027,15	497,96	293,31	141,19	41,59	–
2.730,00 bis 2.739,99	1.034,15	502,96	297,31	144,19	43,59	–
2.740,00 bis 2.749,99	1.041,15	507,96	301,31	147,19	45,59	–
2.750,00 bis 2.759,99	1.048,15	512,96	305,31	150,19	47,59	–
2.760,00 bis 2.769,99	1.055,15	517,96	309,31	153,19	49,59	–
2.770,00 bis 2.779,99	1.062,15	522,96	313,31	156,19	51,59	–
2.780,00 bis 2.789,99	1.069,15	527,96	317,31	159,19	53,59	0,53
2.790,00 bis 2.799,99	1.076,15	532,96	321,31	162,19	55,59	1,53
2.800,00 bis 2.809,99	1.083,15	537,96	325,31	165,19	57,59	2,53
2.810,00 bis 2.819,99	1.090,15	542,96	329,31	168,19	59,59	3,53
2.820,00 bis 2.829,99	1.097,15	547,96	333,31	171,19	61,59	4,53
2.830,00 bis 2.839,99	1.104,15	552,96	337,31	174,19	63,59	5,53
2.840,00 bis 2.849,99	1.111,15	557,96	341,31	177,19	65,59	6,53
2.850,00 bis 2.859,99	1.118,15	562,96	345,31	180,19	67,59	7,53
2.860,00 bis 2.869,99	1.125,15	567,96	349,31	183,19	69,59	8,53
2.870,00 bis 2.879,99	1.132,15	572,96	353,31	186,19	71,59	9,53
2.880,00 bis 2.889,99	1.139,15	577,96	357,31	189,19	73,59	10,53
2.890,00 bis 2.899,99	1.146,15	582,96	361,31	192,19	75,59	11,53
2.900,00 bis 2.909,99	1.153,15	587,96	365,31	195,19	77,59	12,53
2.910,00 bis 2.919,99	1.160,15	592,96	369,31	198,19	79,59	13,53
2.920,00 bis 2.929,99	1.167,15	597,96	373,31	201,19	81,59	14,53
2.930,00 bis 2.939,99	1.174,15	602,96	377,31	204,19	83,59	15,53
2.940,00 bis 2.949,99	1.181,15	607,96	381,31	207,19	85,59	16,53
2.950,00 bis 2.959,99	1.188,15	612,96	385,31	210,19	87,59	17,53

Pfändungstabelle

Nettolohn monatlich in Euro	Pfändbarer Betrag bei Unterhaltspflicht für ... Personen					
	0	1	2	3	4	5 und mehr
2.960,00 bis 2.969,99	1.195,15	617,96	389,31	213,19	89,59	18,53
2.970,00 bis 2.979,99	1.202,15	622,96	393,31	216,19	91,59	19,53
2.980,00 bis 2.989,99	1.209,15	627,96	397,31	219,19	93,59	20,53
2.990,00 bis 2.999,99	1.216,15	632,96	401,31	222,19	95,59	21,53
3.000,00 bis 3.009,99	1.223,15	637,96	405,31	225,19	97,59	22,53
3.010,00 bis 3.019,99	1.230,15	642,96	409,31	228,19	99,59	23,53
3.020,00 bis 3.029,99	1.237,15	647,96	413,31	231,19	101,59	24,53
3.030,00 bis 3.039,99	1.244,15	652,96	417,31	234,19	103,59	25,53
3.040,00 bis 3.049,99	1.251,15	657,96	421,31	237,19	105,59	26,53
3.050,00 bis 3.059,99	1.258,15	662,96	425,31	240,19	107,59	27,53
3.060,00 bis 3.069,99	1.265,15	667,96	429,31	243,19	109,59	28,53
3.070,00 bis 3.079,99	1.272,15	672,96	433,31	246,19	111,59	29,53
3.080,00 bis 3.089,99	1.279,15	677,96	437,31	249,19	113,59	30,53
3.090,00 bis 3.099,99	1.286,15	682,96	441,31	252,19	115,59	31,53
3.100,00 bis 3.109,99	1.293,15	687,96	445,31	255,19	117,59	32,53
3.110,00 bis 3.119,99	1.300,15	692,96	449,31	258,19	119,59	33,53
3.120,00 bis 3.129,99	1.307,15	697,96	453,31	261,19	121,59	34,53
3.130,00 bis 3.139,99	1.314,15	702,96	457,31	264,19	123,59	35,53
3.140,00 bis 3.149,99	1.321,15	707,96	461,31	267,19	125,59	36,53
3.150,00 bis 3.159,99	1.328,15	712,96	465,31	270,19	127,59	37,53
3.160,00 bis 3.169,99	1.335,15	717,96	469,31	273,19	129,59	38,53
3.170,00 bis 3.179,99	1.342,15	722,96	473,31	276,19	131,59	39,53
3.180,00 bis 3.189,99	1.349,15	727,96	477,31	279,19	133,59	40,53
3.190,00 bis 3.199,99	1.356,15	732,96	481,31	282,19	135,59	41,53
3.200,00 bis 3.209,99	1.363,15	737,96	485,31	285,19	137,59	42,53
3.210,00 bis 3.219,99	1.370,15	742,96	489,31	288,19	139,59	43,53
3.220,00 bis 3.229,99	1.377,15	747,96	493,31	291,19	141,59	44,53
3.230,00 bis 3.239,99	1.384,15	752,96	497,31	294,19	143,59	45,53
3.240,00 bis 3.249,99	1.391,15	757,96	501,31	297,19	145,59	46,53
3.250,00 bis 3.259,99	1.398,15	762,96	505,31	300,19	147,59	47,53
3.260,00 bis 3.269,99	1.405,15	767,96	509,31	303,19	149,59	48,53
3.270,00 bis 3.279,99	1.412,15	772,96	513,31	306,19	151,59	49,53
3.280,00 bis 3.289,99	1.419,15	777,96	517,31	309,19	153,59	50,53
3.290,00 bis 3.299,99	1.426,15	782,96	521,31	312,19	155,59	51,53

Pfändungstabelle

Nettolohn monatlich in Euro	Pfändbarer Betrag bei Unterhaltspflicht für ... Personen					
	0	1	2	3	4	5 und mehr
3.300,00 bis 3.309,99	1.433,15	787,96	525,31	315,19	157,59	52,53
3.310,00 bis 3.319,99	1.440,15	792,96	529,31	318,19	159,59	53,53
3.320,00 bis 3.329,99	1.447,15	797,96	533,31	321,19	161,59	54,53
3.330,00 bis 3.339,99	1.454,15	802,96	537,31	324,19	163,59	55,53
3.340,00 bis 3.349,99	1.461,15	807,96	541,31	327,19	165,59	56,53
3.350,00 bis 3.359,99	1.468,15	812,96	545,31	330,19	167,59	57,53
3.360,00 bis 3.369,99	1.475,15	817,96	549,31	333,19	169,59	58,53
3.370,00 bis 3.379,99	1.482,15	822,96	553,31	336,19	171,59	59,53
3.380,00 bis 3.389,99	1.489,15	827,96	557,31	339,19	173,59	60,53
3.390,00 bis 3.399,99	1.496,15	832,96	561,31	342,19	175,59	61,53
3.400,00 bis 3.409,99	1.503,15	837,96	565,31	345,19	177,59	62,53
3.410,00 bis 3.419,99	1.510,15	842,96	569,31	348,19	179,59	63,53
3.420,00 bis 3.429,99	1.517,15	847,96	573,31	351,19	181,59	64,53
3.430,00 bis 3.439,99	1.524,15	852,96	577,31	354,19	183,59	65,53
3.440,00 bis 3.449,99	1.531,15	857,96	581,31	357,19	185,59	66,53
3.450,00 bis 3.459,99	1.538,15	862,96	585,31	360,19	187,59	67,53
3.460,00 bis 3.469,99	1.545,15	867,96	589,31	363,19	189,59	68,53
3.470,00 bis 3.479,99	1.552,15	872,96	593,31	366,19	191,59	69,53
3.480,00 bis 3.489,99	1.559,15	877,96	597,31	369,19	193,59	70,53
3.490,00 bis 3.499,99	1.566,15	882,96	601,31	372,19	195,59	71,53
3.500,00 bis 3.509,99	1.573,15	887,96	605,31	375,19	197,59	72,53
3.510,00 bis 3.519,99	1.580,15	892,96	609,31	378,19	199,59	73,53
3.520,00 bis 3.529,99	1.587,15	897,96	613,31	381,19	201,59	74,53
3.530,00 bis 3.539,99	1.594,15	902,96	617,31	384,19	203,59	75,53
3.540,00 bis 3.549,99	1.601,15	907,96	621,31	387,19	205,59	76,53
3.550,00 bis 3.559,99	1.608,15	912,96	625,31	390,19	207,59	77,53
3.560,00 bis 3.569,99	1.615,15	917,96	629,31	393,19	209,59	78,53
3.570,00 bis 3.579,99	1.622,15	922,96	633,31	396,19	211,59	79,53
3.580,00 bis 3.589,99	1.629,15	927,96	637,31	399,19	213,59	80,53
3.590,00 bis 3.599,99	1.636,15	932,96	641,31	402,19	215,59	81,53
3.600,00 bis 3.609,99	1.643,15	937,96	645,31	405,19	217,59	82,53
3.610,00 bis 3.619,99	1.650,15	942,96	649,31	408,19	219,59	83,53
3.620,00 bis 3.629,99	1.657,15	947,96	653,31	411,19	221,59	84,53
3.630,00 bis 3.639,99	1.664,15	952,96	657,31	414,19	223,59	85,53

Pfändungstabelle

Nettolohn monatlich in Euro	Pfändbarer Betrag bei Unterhaltspflicht für ... Personen					
	0	1	2	3	4	5 und mehr
3.640,00 bis 3.649,99	1.671,15	957,96	661,31	417,19	225,59	86,53
3.650,00 bis 3.659,99	1.678,15	962,96	665,31	420,19	227,59	87,53
3.660,00 bis 3.669,99	1.685,15	967,96	669,31	423,19	229,59	88,53
3.670,00 bis 3.679,99	1.692,15	972,96	673,31	426,19	231,59	89,53
3.680,00 bis 3.689,99	1.699,15	977,96	677,31	429,19	233,59	90,53
3.690,00 bis 3.699,99	1.706,15	982,96	681,31	432,19	235,59	91,53
3.700,00 bis 3.709,99	1.713,15	987,96	685,31	435,19	237,59	92,53
3.710,00 bis 3.719,99	1.720,15	992,96	689,31	438,19	239,59	93,53
3.720,00 bis 3.729,99	1.727,15	997,96	693,31	441,19	241,59	94,53
3.730,00 bis 3.739,99	1.734,15	1.002,96	697,31	444,19	243,59	95,53
3.740,00 bis 3.749,99	1.741,15	1.007,96	701,31	447,19	245,59	96,53
3.750,00 bis 3.759,99	1.748,15	1.012,96	705,31	450,19	247,59	97,53
3.760,00 bis 3.769,99	1.755,15	1.017,96	709,31	453,19	249,59	98,53
3.770,00 bis 3.779,99	1.762,15	1.022,96	713,31	456,19	251,59	99,53
3.780,00 bis 3.789,99	1.769,15	1.027,96	717,31	459,19	253,59	100,53
3.790,00 bis 3.799,99	1.776,15	1.032,96	721,31	462,19	255,59	101,53
3.800,00 bis 3.809,99	1.783,15	1.037,96	725,31	465,19	257,59	102,53
3.810,00 bis 3.819,99	1.790,15	1.042,96	729,31	468,19	259,59	103,53
3.820,00 bis 3.829,99	1.797,15	1.047,96	733,31	471,19	261,59	104,53
3.830,00 bis 3.839,99	1.804,15	1.052,96	737,31	474,19	263,59	105,53
3.840,00 bis 3.840,08	1.811,15	1.057,96	741,31	477,19	265,59	106,53

Der Mehrbetrag über 3 840,08 Euro ist voll pfändbar.

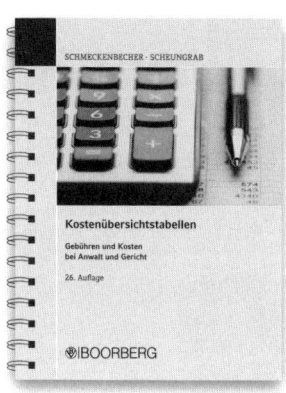

Kosten und Gebühren auf einen Blick.

WWW.BOORBERG.DE

Kostenübersichtstabellen
Gebühren und Kosten bei Anwalt und Gericht

begründet von Manfred Schmeckenbecher, fortgeführt von Dipl.-Rechtspflegerin (FH) Karin Scheungrab, Dozentin, KS Seminare, Seminare für die Anwaltskanzlei, Leipzig/München

2021, 26. Auflage, 126 Seiten, € 23,80, mit Spiralbindung und Griffregister
ISBN 978-3-415-06963-3

Leseprobe unter
www.boorberg.de/9783415069633

Zum 1.1.2021 trat das **Kostenrechtsänderungsgesetz** in Kraft und brachte zahlreiche Änderungen in RVG, GKG, FamGKG und JVEG. In die 26. Auflage des »Schmeckenbecher« sind sowohl die Gesetzesänderungen als auch die seit der Vorauflage ergangenen maßgeblichen Entscheidungen der Rechtsprechung eingearbeitet.

Die Praxishilfe verdeutlicht die Auswirkungen auf die tägliche Abrechnungspraxis und gibt **Tipps und Tricks** zum Gebührenmanagement.

Umgesetzt sind insbesondere:
- das komplette Kostenrechtsänderungsgesetz 2021,
- die Novellierungen im Bereich der Europäischen Zwangsvollstreckung,
- die Änderungen im Gerichtsvollzieherkostengesetz sowie
- die Anhebung der Pfändungsfreigrenzen.
- die »Kostenübersichtstabellen« sind damit das »Must-have« für alle, die nach RVG oder GNotKG abrechnen.

RICHARD BOORBERG VERLAG   FAX 0711/7385-100 · 089/4361564
TEL 0711/7385-343 · 089/436000-20   BESTELLUNG@BOORBERG.DE

Der »EDV-Kompass« für IT und Datenschutz.

WWW.BOORBERG.DE

IT- und Datenschutz-Compliance für Unternehmen
Leitlinien und Anwendungsfälle
Cloud, Social Media, Scrum, IoT, KI, Mobilitätsdaten

hrsg. von Dr. Thomas A. Degen, Rechtsanwalt, und Professor Dr. Jochen Deister, Rechtsanwalt, bearbeitet von Dr. Thomas A. Degen, Rechtsanwalt, Stuttgart, Professor Dr. Jochen Deister, Rechtsanwalt, Frankfurt am Main, Ulrich Emmert, Rechtsanwalt, Stuttgart, Mathias Lang LL.M., Rechtsanwalt, Stuttgart, und Dr. Thomas Lapp, Rechtsanwalt, Frankfurt am Main

2022, 2. Auflage, 428 Seiten, € 128,–
ISBN 978-3-415-05184-3

Mit der völlig überarbeiteten 2. Auflage des von Degen/Deister begründeten Handbuchs »Computer- und Internetrecht« erhalten Unternehmen einen »EDV-Kompass« für die erfolgreiche Realisierung typischer und agiler IT- und Datenschutz-Projekte.

Dieses Handbuch unterstützt Unternehmer in dem technisch und rechtlich komplexen Koordinatensystem der IT- und Datenschutz-Compliance. Dabei liegt der Schwerpunkt auf praxiskonformer Gestaltung und letztlich auf Haftungsvermeidung.

Die Autoren erläutern aus Unternehmensperspektive in verschiedenen Use-Case-Abläufen, welche IT- und datenschutzrechtlichen Anforderungen im Praxisbetrieb sicherzustellen sind.

Leseprobe unter
www.boorberg.de/9783415051843

RICHARD BOORBERG VERLAG   FAX 0711/7385-100 · 089/4361564
TEL 0711/7385-343 · 089/436000-20   BESTELLUNG@BOORBERG.DE